THE REAL DIGITAL REVOLUTION

NewPhilosopher

新哲人

02

谁吃了你的脑子？

澳大利亚新哲人编辑部　编著
向婧婷 译

中信出版集团 | 北京

图书在版编目（CIP）数据

新哲人．谁吃了你的脑子？ / 澳大利亚新哲人编辑部编著；向婧婷译．-- 北京：中信出版社，2021.8（2025. 8 重印）
书名原文：NewPhilosopher:Technology and your brain
ISBN 978-7-5217-3233-7

Ⅰ．①新… Ⅱ．①澳… ②向… Ⅲ．①哲学—研究—世界 Ⅳ．①B1

中国版本图书馆 CIP 数据核字 (2021) 第 119913 号

新哲人——谁吃了你的脑子？

编　　著：澳大利亚新哲人编辑部
译　　者：向婧婷
出版发行：中信出版集团股份有限公司
（北京市朝阳区东三环北路27号嘉铭中心　　邮编　100020）
承 印 者：北京启航东方印刷有限公司

开　　本：787mm×1092mm　1/16　　印　　张：9　　字　　数：152 千字
版　　次：2021 年 8 月第 1 版　　印　　次：2025 年8月第 9 次印刷
书　　号：ISBN 978-7-5217-3233-7
定　　价：59.00 元

选题策划　心码文化
出 版 人　山　海　曹萌瑶
中文主编　姜宇辉
策划编辑　蒲晓天
特约编辑　张　艳
责任编辑　杨　洁
营销编辑　崔　琦　陈和蕾　陈格平
装帧设计　李　一

《新哲人》终于有了中文版，这令人欣喜。它主要关注的是“哲学问题”而不是“哲学家的问题”。在学科发展的历程中，哲学逐渐变得艰深晦涩，专业同行着眼于“哲学家的问题”，让普通读者望而生畏，这固然是深入研究的必要和特征。但与此同时，总有一些学者愿意付诸努力，重返“哲学问题”，那些与生命体验和社会实践息息相关的问题，这是哲学在探寻最初的出发点。《新哲人》的可贵之处是以短小的篇章、凝练晓畅的文风，将哲学思考注入对生活智慧的追寻，应答着根植于日常世界的疑虑与关切，同时为读者提供了丰富的线索与资源，引向更深邃的思考。这并不是“文化快餐”，而是精美的“前菜”，邀请你探寻自己的通道，走向哲学的盛宴。

刘擎 | 华东师范大学教授

文章简短却不片面，专业却不失趣味。各个优秀的撰稿人将哲学中蕴含的逻辑与思辨作为钥匙，带我们不断打开新时代之门，对新问题、新困境和新构想一探究竟。推荐《新哲人》杂志给大家。

井越 | 圣安德鲁斯大学哲学系研究生 、知名vlogger（视频博主）

世界越多不确定性，我们越需要成为自己生活的哲学家。平衡有度，才能御风而行。这本《新哲人》推荐给你。

冯仑 | 企业家

这本书同时向你呈现哲学的两面性：哲学是古老的、抽象的、形而上的、思辨的，同时哲学也是先锋的、具象的、刺激的、迷人的。哲学解决不了任何问题，同时又试图解决每个人的问题、社会的问题和宇宙万物的问题。哲学与生活无关，却又与每个人的生活息息相关。

李松蔚 | 心理学家

哲学是一个动词。哲学首先不是既定的、已成的知识体系，而是一个过程。哲学是对我与非我的反思，不断的反思。反思是一个动词。反思不是简单的思，更是对于思的思。重新思考我们身边自以为熟悉的事物。所谓哲人，是哲学这个动词的主语，以反思的姿态，面向世界，面向自我以及万物。《新哲人》的新，也是一个动词。

田松 | 南方科技大学人文社会科学学院教授

《新哲人》之新，表现为两点：一是别出心裁，二是关注当下。这两点正好对应着一小一大两个尺度：小尺度指的是篇幅短小精悍，叙述切入点细致入微；大尺度指的是主题涵盖的时间，久而幽深，涉及的空间，广而弗届。

刘苏里 | 万圣书园创始人

技术之哲思——寐者，歌者与舞者的时代

姜宇辉

华东师范大学哲学系教授
《新哲人》中文版主编

真的越来越喜欢《新哲人》杂志了，不仅是因为好读好看，而且因为每一期的主题都是那么地贴近现实，都与我自己的研究如此紧密相关。拿到这一期杂志，我怀着几分激动、兴奋的心情快速翻阅一遍，觉得真的有好多话想说。关于技术，关于世界，关于人生。

哲学应该关注现实，但更应该如尼采或阿甘本所说的那样，跟现实保持一个有差异的间距，单纯地随波逐流，肯定不是一种有出息、有追求的哲学。哲学必须有立场，这个立场必须来自冷静，来自痛彻的反思。正是此种反思给哲学提供了一个切入现实的尖锐视角。我说的是“尖锐”，那或许真的就如匕首一般深深刺入看似光滑无痕的数码世界的表面，由此制造出一种断裂和伤痕。哲学家，从来不是一个闭眼不看现实的、麻痹的寐者，也绝不应该是想尽办法来“巴结”世界的歌者，而应该是一个舞者。他孤独，因为他总是觉得与身边的世界格格不入；他舞动，因为他总是想让一切僵死固化的东西再度进入流变和生成，但他又苦心孤诣，匠心独运，挥洒概念创造之颜料，勾画出至真至美的思想—意象之境。

面对今天的技术之困境和难题，也同样要以此种复杂多变但又深刻坚定的哲学舞步来回应。对技术的批判，早自马克思的时代就已经开始，进入二十世纪又有海德格尔、法兰克福学派等一轮又一轮的激烈浪潮，以至于晚近以来，如约纳斯和斯蒂格勒这样深刻的思想家再度对生物技术和数字技术进行声讨之际，反倒会令作为读者的我们心生几分倦怠乃至质疑、反感：又是这一套，那你们这些站着说话不腰疼的哲学家倒是给出什么对症的良方和解药啊！除了批判，你们还能做些什么？除了技术自身拯救自己的力量，你们还能想到什么可行的解决方案吗？这样的“偏见”其实是非常普遍的。当我们翻开任何一本以技术

批判为基调的哲学书时，几乎都会有如此鲜明的印象，就是开篇气势如虹、声泪俱下，但越到后面就越迷失在文献综述之中，最后的结论呢？也许真的就如等待戈多一般，只能是处于永恒的延宕之中。

由此也就暴露出一个根本的问题。对技术持一种激烈批判的“态度”是很容易的，但这恰恰不是哲学所应该做的最紧要的事情。摆一种态度，做一个姿态，这当然也挺重要，但最终往往沦为站队的策略，甚至会成为私带流量的阴险砝码。“哟，您也对技术持激进的批判立场啊，您真是一个忧国忧民、对时代怀有深刻责任感的知识分子，我们爱戴您！”但仅仅在流量盛景之中受人爱戴是远远不够的，在面向公众的“态度”的背后，还必须有一个面对思想自身的冷静而孤独的“判断”。深刻而独立的判断，才是旗帜鲜明的态度背后的真正支撑和前提。

那么，这个判断又如何做出呢？单纯的“怀乡症”（nostalgia）或“乌托邦”显然都不足取，应该首先基于尼采和福柯意义上的谱系学。怀乡症是用一个“曾经有过”的黄金时代来哀悼当下，感叹人心不古；乌托邦则是用一个“未曾有过”的美好世界来嘲弄当下，呼吁激进变革。二者在人类思想史上皆有过轰轰烈烈的篇章，但二者的症结也几乎同样明显，那就是都试图与当下保持一个反思的间距，但这个间距又实在太过明显和疏离，以至于最后变成了鸿沟。一种哲学的反思如果离当下现实越来越远，远到让我们看不清现实，甚至看不清自己的位置，那显然绝不可能是一种深刻的反思。遗憾的是，近现代以来的各种对技术进行批判的哲思大多陷入这两种方向相反但殊途同归的困境之中，马克思的乌托邦和海德格尔的怀乡症只不过是其中的两个典型而已。

那么，到底怎样从这个夹在“未来和过去之间”的两难之中挣脱出来，真正给激进的“态度”添加一个有理有据的“判断”呢？福柯终其一生所不断磨砺的谱系学方法显然是一个利器。谱系学首先悬置了任何预设的目的和归宿，但也同样明确拒斥单纯实证性的编年式梳理，而是试图“令脚下的大地震颤”，让我们强烈感受到，当下所在的位置是不稳固的，是多维的、多变的，甚至是脆弱的。谱系学看似以一种平实而细致的历史考证的面貌示人，但对于现实的强烈的批判态度，以至于这背后的鲜明的介入和行动的立场更是它的神髓。一旦我们看清了现实本身错综复杂的面貌，一旦我们避免将现实“装进”某一种现成的模式和框架，甚至一旦我们鲜明体察到现实之中所一息尚存的跳动脉搏，我们也就同时具备了面向未来进行展望、面向过去承担责任、面向当下积极介入的眼光和勇气。当下总是多重力量交织纷争的场域，多重力量之间总是差异聚合的开放关系，开放关系总是倾向于再度进入流变和生成，敞开别样的维度，释放逃逸的矢量。

对于当下的技术难题和困境，我们也理应采取一种谱系学的方式来做出判断、给出回应、显出态度。这期杂志之中的各篇文章，其实已经非常出色地展现出技术化、媒介化的现实状况的错综复杂乃至光怪陆离。我不便剧透其中的种种精彩之处，以免扫了大家的兴致。在这篇简短的导言最后，我不妨围绕四个关键词来例示晚近的技术之谱系学式哲思的要点和动向，分别是“光滑”（seamless）、“加速”（acceleration）、“控制”（control）、“想象”（imagination），不妨将其简称为“SACI的四元图谱”（diagram）。

首先是光滑。这当然是大家对当下现实的最鲜明的感受。就拿今天的机器来说，不说跟工业革命时代相比，就是跟早期控制论时代相比，都呈现出一个极为明显的趋势——机器不仅越来越轻、越来越小，而且它们的操作也越来越无痕、微观，乃至潜隐。苹果手机的光滑表面，特斯拉汽车的光滑界面，全球定位系统的光滑平面，甚至是互联网的光滑连接，数据流的光滑序列，一切的一切都显得如此唾手可得，甚至所见即所得，任何断裂都会马上被修复，任何例外都会马上被解释，任何陌异都会马上被同化，甚至是任何偏离都会马上被拉回惯例和常规。大数据的时代，让任何微小的变异都被还原成微不足道的涟漪；算法的时代，让任何离经叛道都简化成另一个不同角度的解决方案；生命政治的时代，让任何生命创造都最终沦为可被预测的统计学可能。

这也就涉及加速和控制这两个相关的要素。借用法国哲学家维希利奥的话来说，这个时代之所以越来越光滑、越来越透明，进而消除了所有谜一样的东西，包括幽暗隐藏的角落、陌异诡谲的维度，其实罪魁祸首当属"实时"这种强力而遍在的技术手段。实时，以不断加速的趋势，不断消解着时间的深度和空间的广度，将人的感知、认识、体验乃至选择和行动皆纳入一个紧密编织又不断拓展的网络之中。思考需要时间，行动需要酝酿，判断需要慎思，但这些间距和间隙恰恰是一个无限加速的时代之中、无限光滑的表面之上最为稀缺的资源。由此也就涉及"控制"。"控制社会"（control society）是德勒兹在晚年提出的一个说法，本意是以批判性的方式引申乃至修正福柯关于规训权力和生命政治的经典论述，但用来诊断当下的技术加速的时代真的是非常恰切。关于算法，有一个基本的界定，那正是"逻辑+控制"（logic + control）。这里的控制并非仅仅是编程和操作意义上的，更是直指当下的技术化权力运作的基本形态。控制，绝非是面对面的直接作用，而总是潜藏的、微观的，具有流动性和适应性，并总是倾向于以生产的方式来实施各种花样翻新、变本加厉的捕获。算法和控制的合体，恰恰不是以狰狞的面目彰显自己的暴力，而是以一种井然有序的"逻辑"将人的每一个选择和行动、每一个念头和欲望都纳入计算、预测、引导的模型之中，编织进全无逃逸的出口和断裂的可能的紧致网络之中。

那么，面对这样一个算法控制、技术加速、光滑无痕的世界，哲学又何以做出它的不合时宜但又切中肯綮的判断呢？当我们以谱系学的目光来扫视和审视现实之中、之下、之后的种种看似差异力量的交织互渗之时，是否反而发现这些力量最终越来越倾向于形成一个"封闭的集合"，而非"开放的整体"（德勒兹《电影1》）？其实未必。晚近以来的前沿思想似乎不断给我们敞开着别样思考和行动的可能。比如本杰明·布拉顿的"黑栈"理论，肖恩·库比特的"可朽媒介"理论都在启示我们，在光滑的数字表面之下，媒介也是有"肉身"的，肉身也是有生有死的。再如，罗萨对加速社会的研究也揭示了，在当下世界之中还存在着很多与加速相悖的减速现象（比如寿命、季节，乃至体制等），甚至还有很多反抗加速的残余和废料，这些都启示我们要对加速趋势本身进行一种谱系学式的深刻审视。此外，就实时网络和算法控制而言，有众多的媒介考古学家和媒介生态学家开始深入揭示时间性本身的晶体形态和网络本身的明暗交织的复杂形态。或许，只有和这些前沿的人文研究"共舞"，切实深入技术自身的肌理之中，哲思才能真正找回自己的舞步和节奏，才能在汹涌的流量之中确认自身的立场和冷静判断。也期待着诸位读者朋友能在本期的精彩内容之中找到自己的立场和判断。

02 卷首语

真正的问题不是机器能否思考，而是人类能否思考。

——

B.F.斯金纳

技术

自古以来，技术就以种种不同的形式存在于人类的生活里。早期的发明家创造出了燧石和斧头、车轮和滑轮、印刷机和笔、发动机和电；早期的使用者则获得了丰厚的回报——生存的利器、前行的滚轴、学习的工具、生产的动力，使他们遥遥领先。

得益于早期的技术，现代世界的许多地方都拥有了清洁的水源和丰富的食物，能够提前预防各种各样严重的疾病；人们不但可以自由、广泛地互相交流，还可以出入足以令启蒙思想先驱都为之惊叹的“图书馆”。

如今，拥有现代技术的我们正在将人类过去数百年的成果付之东流：我们污染水源、破坏土地，我们身体健康却精神失调，我们互相联系却没有交流，我们拥有资源充足的“图书馆”——互联网——却用它来看滑稽的猫科动物视频。

的确，我们仍然拥有那些早期的，甚至是更好的技术，但是，正如纽约大学教授、著名批评家尼尔·波兹曼在30多年前所说，我们正在使用技术使自己“娱乐至死”。

赞·博格

《新哲人》主编

目录

Technology

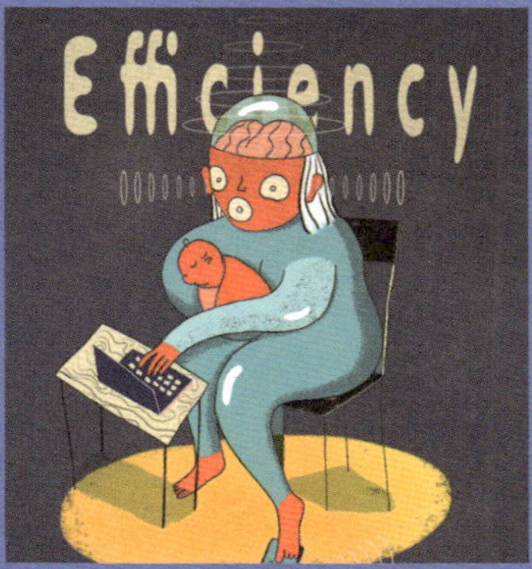
Efficiency

EVERYTHING IS TRUE!

您好，我是萨特。请问有什么可以帮到您？
是这样的，我的调制解调器坏了。我别无选择，只能打给技术支持部，结果就像被傻子牵着鼻子走。我希望您真的能帮我修好它。

当前文明

最大的任务
是让机器回归本位，
成为
人类的奴隶，
而非
人类的
主人。

作品｜《哈夫洛克·埃利斯》
作者｜彼得·斯特雷恩

撰稿人

赞·博格

《新哲人》主编，是国际报摊杂志《女人》的编辑总监和“诗人”书店的主管，也是英国皇家艺术学会会员。2017年，他获得了“澳大拉西亚哲学协会媒体专业奖”，并入围国际书架奖（体育杂志*Stack*所设奖项）的“年度编辑”。博格定期发表有关哲学、科技、媒体和伦理的演讲，并且是每月一次的哲学讨论系列“光明思维”的共同创始人和主持人。

DBC 皮埃尔

处女作《维农少年》获得了2003年的布克奖和惠特贝瑞图书奖（现科斯塔图书奖）的“最佳初作”奖项，这也是此二奖项首次授予同一本书。皮埃尔还著有《柳德米拉的蹩脚英文》、短篇小说集《仙境灯火暗》和中篇小说《与波吉亚家族共进早餐》。他曾经获得都柏林大学文史学会颁发的詹姆斯·乔伊斯奖。

卢西亚诺·弗洛里迪

牛津大学的哲学教授和信息伦理学教授，牛津大学互联网研究院的研究主管、上广实践伦理学中心的杰出研究员。在牛津大学以外，他是华盛顿特区美利坚大学的经济系驻地杰出学者。他的最新著作是《第四次革命：信息领域如何重塑人类现实》。

罗伯特·W. 麦克切斯尼

一位屡获殊荣的作家，出版了多部关于媒体和政治的图书。他是伊利诺伊大学厄巴纳—香槟分校的传播学教授，WILL-AM电台每周脱口秀节目“媒体很重要”的主持人，也是媒体改革组织“自由出版”的联合创始人。他的著作包括《数字断层》、《吹走21世纪的屋顶》、《美元民主》、《富媒体，穷民主》和《传播革命》等。

奥利弗·波克曼

一名常驻纽约的作家，外国新闻协会的“年度青年记者”，曾入围2006年奥威尔奖。他的著作包括《救我！论如何快乐而高效地生活》和《灵药：悲观之人值得的幸福》。这些作品探索了消极性、不确定性、失败与不完美的积极作用。

安东尼娅·凯斯

《新哲人》编辑总监、《女人》编辑，哲学讨论系列“光明思维”的共同创始人。同时，她也是一位屡获殊荣的作家和记者。荣获2013年“澳大拉西亚哲学协会媒体专业奖”，2016年和2017年入选国际书架奖“年度编辑”，2016年被选为布里斯班作家节的“常驻哲学家”。

奈吉尔·沃伯顿

自由哲学家、个体播客、自由作家，《新哲人》特约编辑，“一口哲学”（*Philosophy Bites*）播客节目的主持人，曾任公开大学哲学高级讲师和诺丁汉大学哲学讲师。他被誉为“我们这个时代最受欢迎的科普哲学家之一”。他的著作包括《哲学历史小记》、《从A到Z的思维》和《经典哲学》。

帕特里克·斯托克斯

墨尔本迪肯大学哲学讲师，专门研究19世纪和20世纪的欧洲哲学、个人身份、自我叙事、道德心理学、死亡与纪念，以及宗教哲学。他尤为关注的话题是构建克尔凯郭尔（丹麦哲学家、神学家，被视作存在主义的创立者）与当代个人身份和道德心理分析哲学的桥梁，使二者进行对话。他曾荣获2014年“澳大拉西亚哲学协会媒体专业奖”。

达蒙·杨

哲学家和作家，墨尔本大学的荣誉研究员，也是2013年“澳大拉西亚哲学协会媒体专业奖”的得主。他的著作包括《如何思考运动》、《花园里的哲学》和《分散注意力》等，以及一些短篇小说、诗歌和儿童图书。他是澳大利亚广播电台的固定嘉宾，并为《时代》、《卫报》和《澳大利亚人报》等报刊撰稿。

安德烈·陶

《新哲人》副主编、作家，既创作虚构文学，也撰写纪实文学，曾任英国《此时此刻》杂志的主编，入围2011年澳大利亚人权委员会“青年勋章”的最终轮评选。作品发表在澳大利亚《月刊》杂志、“特别广播服务·真实故事”广播系列、*Meanjin*文学杂志和半岛电视台英语频道上。他与人合作创立了“电线之后”项目。这是一个口述历史项目，记录人们在澳大利亚的移民拘留经历。

马修·彼尔德

道德哲学家，曾经的研究方向为应用道德与军事道德。澳大利亚圣母大学的副讲师、伦理学中心的研究员，负责研究技术的道德原则。2016年获得“澳大拉西亚哲学协会奖”。他还是美国广播公司播客《短而卷》节目的主持人。这是一档屡获殊荣的儿童播客节目，旨在使广大家庭以一种有趣且简单的方式参与道德建设。

卡洛斯·伊根和艾达·诺瓦

《新哲人》和《女人》杂志的艺术总监，“诗人”书店的艺术总监。他们为出版行业所做的工作得到了广泛的认可，其服务对象包括美国历史最悠久、规模最庞大的设计组织——美国平面设计协会，除此之外还有《计算机艺术》、《桌面杂志》、《创意期刊》等。

大卫·埃德蒙兹

英国广播公司世界服务部的获奖广播专题节目制作人。他曾经就读于牛津大学，并且获得了公开大学的哲学博士学位，在芝加哥大学和密歇根大学担任教员，还是牛津大学上广实践伦理学中心的高级研究员。他是播客节目“一口哲学”的运营者之一，也是《维特根斯坦的扑克牌》的合著者。

汤姆·查特菲尔德

英国作家和评论员。他有6本关于数字时代文化的著作，包括《网络词源学》和《如何在数字时代蓬勃发展》等。他巡游全球，在技术、艺术和媒体领域发表演讲。他曾是英国广播公司全球技术站点“BBC未来”的启动专栏作家，现在是英国《前景》杂志的编辑、牛津大学互联网研究院的客座研究员，也是伦敦大学学院全球治理研究院的高级专家。

赫尼斯·卡雷拉斯

《新哲人》杂志封面设计师，也是“哲学图像：简单形状的大思想”项目的创立者。卡雷拉斯的作品获得了世界各大奖项的认可，包括插画家协会的世界插图奖、劳斯奖和斯特科斯·泰勒·本森奖。他的作品被收录在《MIN：图形设计的新简化》、《玩转字体》、《几何学的快乐》、《几何图形学》等书中。

杰莎·甘布尔

屡获殊荣的科学作家。她也是《午睡和午夜太阳》的作者，这是一本涉及文化和昼夜节律的交叉领域的书。她是科学写作博客“虚无的定论”的主创之一，专业研究领域为北极科学和睡眠的未来。甘布尔的作品曾经发表在《卫报》、《科学美国人》、《新科学家》、《加拿大地理》、《女性》和《自然》上。

乌有乡消息

摄影｜赫娜·皮涅拉

完成任务

有一天，美国物理学家艾伦·莱特曼坐在家里的书桌前时突然意识到一件可怕的事情：他不再浪费时间了。从清晨睁开双眼，到夜晚关灯休息，他一直处于“完成任务”的状态之中——在笔记本电脑上工作、回复邮件、检查电话留言——他的一天被分成越来越小的高效时间单位。他在《我是这世界的负担》一书中写道：“我几乎很少允许自己停止思考，以及出门玩耍。”他又问道，“我现在是什么？一个机器人，一个齿轮，还是一个高效的自我副本？”

毫无疑问，高速发展的通信技术加快了生活的节奏。如今，依靠各种各样的技术，我们能够快速完成各项事务。我们乐意如此，很少会去质疑自己每天完成的大量非必要任务背后的真正意义。只要我们每天勾选着待办事项清单，就代表我们在进步，不是吗？

但是，麻省理工学院人文实践方面的教授莱特曼问道：“不再允许自己‘浪费’时间，让我失去了什么？我从不让自己的思绪自由发散，从不让自己在任务或截止日期上有任何阻碍，从不让自己的大脑自由地思考，从不让自己脱离快速转动且沉重的外部世界——那么，我失去了什么？”

莱特曼认为，如果人们没有沉默、空间和沉思的时间，内在的自我——也就是我们爱幻想、做梦、探索和质疑的那部分自我——就会变得沉闷、反应迟钝。莱特曼总结道：“我觉得自己已经失去了某些内在的自我。”

只想成功

在当今社会，很多人会因为没有获得成功而去咨询心理学家：“我很有潜力。我只是希望自己这辈子能做成一件事。”

由于种种因素，这些人找不到自己的成功之路。他们不断遇到各种阻碍，做什么事情都不顺利。媒体也贡献了大量的篇幅，告诉人们在日常生活中获得成功的重要性，如《成功人士每天都花5分钟做这件事》、《成功的CEO是不是睡得更少？》。

如今，“成功”是人们关注的焦点，然而在中世纪，这个词甚至还不存在。在16世纪的英语语言里，“success”（成功）一词的意思是“跟随或接替某事”，换句话说就是做了某件事情之后，接下来会发生什么。将自己划分为“成功”人士，并因此感觉比其他人优越，是根本不可能的事。艾里希·弗洛姆★写道：“今天，我们会觉得‘成功’一定是人类历史上最古老的词语之一。”但是，在从前，形容某个人很“成功”和形容他们是“紫色”一样毫无意义。

弗洛姆还写道：“‘成功’这种概念在我们的语言中看起来很自然，但它纯粹是受到社会条件限制的概念。在其他社会中，成功与‘剥削’一样鲜少出现。”在我们的竞争文化和个人主义文化里，“成功”是描述人类的关键词，因为它可以使人们去不断地奋斗、进步、竞争和工作——这些是我们的社会结构赖以生存与繁荣的必要活动。确实，“成功”这种衡量标准有益于经济发展，但无益于人类灵魂。

★美籍德国犹太人，生于1900年，是人本主义哲学家和精神分析心理学家。——译者注

在越来越普遍的机械化和技术系统化下，宣传不过是一种手段，用来减轻机械和技术可能给人类带来的过度压迫感，并说服人类欣然顺服于机械和技术。

——

雅克·埃吕尔
20世纪法国著名技术哲学家

发明我们自身的灭亡

核武器的出现告诉我们一个道理，那就是人类几乎无法抗拒新技术的浪潮。只要是人类能够想象出来的事物，就一定会有人动手去创造，不管这种事物是否会给自己或者他人带来风险。他们唯一的顾虑是要确保某些竞争对手不会领先于自己。

人工智能似乎就是一种必然会出现的发明。尽管人工智能先驱的黄金标准一直是能够创造出模仿人类智能的机器，但人们已经预言了一种功能更为强大，也可能更为危险的概念的产生——超级智能。超级智能指的是几乎在任何领域都远远胜过最优秀的人类大脑的智能，包括数字计算机、计算机网络，甚至包括一些完全不同的事物。

从这个意义上来说，超级智能不仅仅是一个工具，也是一个自主的个体，拥有进行创造和研究的能力。的确，这可能是人类的最后一项发明，因为超级智能可以自己发明全新的技术，比人类的发明能

力要强得多。

瑞典思想家尼克·博斯特罗姆表示，超级智能所带来的潜在益处无穷无尽。他甚至说："很难想象有什么问题是超级智能无法解决的，或者无法帮助我们解决的。"他甚至说过超级智能能够消除疾病、贫困、环境破坏所带来的影响和各种不必要的痛苦。

博斯特罗姆认为，超级智能比人类更擅长于做道德决策。他写道："如果我们将道德看作一种认知追求，超级智能也很容易在道德思维的质量上超越人类。"换句话说，如果道德问题可以通过推理和权衡证据得出正确答案，那么超级智能将会比人类更出色地解决道德问题。

在这一方面，我们未来可以将政治决策——例如资源的合理分配问题——交给超级智能去解决，它能投入前所未有的智力资源，用以权衡各种选择将会出现的结果。超级智能会变得非常聪明，能够明白我们的问题背后真正的意图，并且解决那些我们尚未阐明、尚未概念化的问题。

但也正是这种非凡的适应性，使超级智能变得格外危险。实际上，即使博斯特罗姆对于超级智能的潜在益处抱有非常乐观的态度，他也认识到了其中存在的风险。他认为超级智能的出现是一种"存在主义风险"，即这种风险可能会威胁到人类这个物种的存在。这背后的原因其实很简单：比起人类的其他发明，超级智能最有可能抵抗人类为了控制它所做出的一切努力。

博斯特罗姆认为，在那种情况下，超级智能的最初动机变得至关重要。根据定义来看，超级智能将会超越最聪明的人类大脑，并且能够抵御任何阻止其实现最终目标的企图。无论这个最终目标是增加人类的幸福感，还是超级智能发明者的充实感。

因此，博斯特罗姆建议道，发展超级智能的首要目标应该是"友好"。即便有了这个首要目标，我们为超级智能定义"友好"的方式也至关重要。如果采用错误的方式，一位"友好"的超级智能可能会决定保护我们免受一切伤害，即使是我们在自由和知情的前提下选择承受的伤害。博斯特罗姆和其他许多哲学家认为，超级智能的发明只是一个时间问题。如果真的是这样，那么让超级智能理解"人类幸福"之类概念的意义以及对其达成一致的意见，将会比任何时候都更为重要。

与山换位思考

经常有人告诉我们，要站在别人的立场上思考问题。这是一种关乎伦理的指令——我们从他人的视角想象生活，也是在尊重他人以及他人的需求。按照康德的表述，那样做意味着我们从来不会将其他人视为达到目的的手段，而是会始终将他们视为目的本身。从古至今，这个站在别人的立场上思考问题的平等领域中应该包含哪些对象的问题一直困扰着思想家们：他们可以（并且应该）将自己想象成奴隶、女人或大象吗?

废奴主义、女权主义和动物权利等理念努力拓宽了人类伦理思想的范围。我们大多数人都能将其他人想象成我们的同伴，并且我们越来越愿意去同情其他动物了。那么面对植物时呢？或者，正如美国生态学家奥尔多・利奥波德所说："你能与山换位思考吗？"

利奥波德在其1949年的著作《沙乡年鉴》中概述了自己的"土地伦理"理念，该理念认为"倾向于保留生物群落的完整性、稳定性和美感的行为是正确的；反之，它就是错误的"。换句话说，与山换位思考，不仅要认识到我们自己或其他人类同伴的需求，而且要认识到我们周围的自然世界的需求。

挪威哲学家阿恩・纳斯接受了利奥波德的理念，并将其融入自己构建的更加完整的"深生态学"概念之中。纳斯是一位狂热的登山爱好者，他在登喜马拉雅山脉的时候发现，夏尔巴人的文化认为某些山峰是神圣的，因此他们不会去冒险攀登那些山峰。这种对崇山峻岭的尊敬延伸为对自然的尊敬，这就是深生态学概念的体现。

与深生态学的概念相对，"浅生态学"关注的主要是发达国家中富人的健康与富裕，例如对抗污染问题和资源枯竭问题等。纳斯的深生态学尊重生物的内在价值，力求使人民承认"生物圈平等主义"。纳斯的理念也受到了17世纪的哲学家本尼迪克特・斯宾诺莎的影响。斯宾诺莎认为，我们无法将个体的自我与其余的世界分隔开，我们是生物圈网络里的纽带。我们不应该将自己或是人类这个物种的需求特权化，而应该照顾"生态自我"，即由所有生物组成的、更广阔的社群。

无论我们身处何地，无论我们是充满激情地肯定技术，还是言辞激烈地否定技术，我们都与它绑定在一起了，无法获得自由。然而，如果我们将技术看作某种中立的事物，那么技术则会以最坏的方式支配我们。正是我们这种深信不疑的对技术的中性理念，使我们完全忽略了技术的本质。

——

马丁・海德格尔

20世纪德国著名哲学家

没有工作的世界

我们原本不应该做这么多工作。经济学家约翰・梅纳德・凯恩斯早在1930年就在论文《我们后代在经济上的可能前景》中预测，在一个世纪之内，自动化将消除部分工作的需要。出于从前的习惯，我们可能会每周工作15小时，剩下的大部分时间将会用于休闲娱乐。

从某些方面来说，凯恩斯的预测十分准确：经济分析师们的最新报告表明，在英国，有多达35％的工作岗位受到了自动化的威胁；在美国，这一数字为47％。受到威胁的工作不止逐渐被工业化取代的体力劳动，得益于机器学习和机器人技术的进步，法律、医学和金融服务等领域的工作都可能被机器取代。

可是，与凯恩斯预期中的富裕、悠闲的乐观图景不同，当代经济学家完全不相信机器人技术的兴起会为人类带来更多幸福。实际上，大多数经济学家认为随着自动化的普及，不平等的情况将会加剧。拥有机器人的极少数精英阶层将会掌握更多的财富份额，而其他人则在竞争被机器人剩下的少数工作机会。

正如德国政治作家保罗·马蒂克所说："对于饥饿或贫穷的人来说，空闲时间根本不是用于休闲，而是为了维持生计或者改善现状而进行的没完没了的活动。"正因如此，尼克·斯尼切克和亚历克斯·威廉姆斯在最新著作《发明未来：后资本主义和没有工作的世界》中倡导"普遍基本收入"（UBI）。普遍基本收入可以保证人们获得足够的收入，无须进行经济状况调查即可发放，用以补充而非替代现有的福利制度。斯尼切克和威廉姆斯认为，这是确保没有工作的世界能成为"乌托邦"而非"恶托邦"的唯一方法。

想要珍惜我们被机器加持的注意力分散的生命，首先要挤出潜在的时间和空间进行深度反思。

玛吉・杰克逊

（美国著名新闻记者）

插图 | 赫尼斯・卡雷拉斯

断电24小时

不要因为忙于赚钱，而忘了如何生活。

——

多莉·巴顿

美国歌手、作家、慈善家，以乡村音乐的创作和演唱而闻名

来自10个国家和地区的近1 000名大学生自愿参加了“断电24小时”活动。这个活动旨在研究人们一天不使用媒介的影响。研究者移除了媒介机器对世界的过滤，禁止这些大学生像平时一样接触智能手机、平板电脑、电视机、广播、光盘、游戏机，还有新闻、音乐和社交类媒体，让他们被迫体验一天无媒介的世界。他们无法按照导介出行、和朋友在线上聊天、看手机时间、安排当天计划，更无法感受到手里的设备。他们抱怨自己感受到了焦虑、困惑、苦恼、社交孤立和难以忍受的无聊，一些大学生甚至觉得断电堪比独自监禁。

一名来自中国的大学生抱怨说：“我感到很孤独，就像被关在一座孤岛上狭小的笼子里一样。”一名来自黎巴嫩的大学生说：“我感觉自己仿佛在虚无中迷失了，那是一种非常异样且令人不安的感觉。”这项研究由国际媒体与公共议程中心（ICMPA）主导，让大家看到了远离无处不在、立体环绕的媒介有多困难。一名来自中国的大学生评论道：“我以前从来没有注意到自己的生活完全被媒介的阴影笼罩了。”

这项研究清楚地表明，这些国家和地区的绝大多数大学生都无法完成断电24小时的活动。重庆大学的一名大学生说：“对于现代社会的人们来说，交流（即媒介）和呼吸一样重要。”一名英国大学生觉得拔掉网线无异于关闭生命的支持系统，另一名大学生则表示断电就是一种折磨。

在无媒介的文明荒野里漂泊，一名中国香港的大学生惊慌失措地大喊：“我是一个非常需要安全感的人！”随着心率加快和焦虑情绪的加剧，一些大学生开始担心自己的家人和朋友。空气中充斥着无聊，几分钟的断电感觉像几小时一样漫长，大学生们坐立不安，渴望转移注意力，渴望与人联系，甚至渴望能实实在在地碰一碰电子设备。

国际媒体与公共议程中心报告说，媒介已成为这些大学生的延伸，是他们个人身份里不可分割的组成部分。没有媒介的生活就好像失去了一部分自己。对于许多研究对象而言，媒介塑造了其他人对他们的看法，也塑造了他们对自己的感知。那断电以后的他们还是原来的他们吗？令人担忧的是，一名乌干达的大学生觉得“体验现实生活”反而像“迷失在另一个世界”里，一名美国大学生将断电体验形容为“无家可归”——被人抛弃、漫无目的，“仿佛我的现实生活和虚拟生活在不同的平面上同时存在”。人类的流体智力在成年初期达到顶峰，然后会逐渐下降，那么，面对那些将智力的黄金时期都花费在摆弄各种电子设备上的“媒介瘾君子”时，我们应该做些什么呢？

一名英国大学生回忆说：“7点半的时候，我决定做一些激烈的活动来熬过最后的11个多小时。我认为是时候喝酒了。我和室友一起喝了两小时的酒。我感觉自己如英雄一般对酒当歌，不过室友说我更像在大喊大叫。我拖着喝醉的身体来到卧室，没再唱歌，只是坐在那里摇晃，盯着电视机那漆黑一片的屏幕。我在想，打开电视机真的那么糟糕吗？我只需放入一张光盘就可以了。如果光盘是1998年之前制成的，那么它肯定不算媒介吧？最后，我抵抗住了这种诱惑，一部分原因是不列颠人坚强的意志，但主要原因是实际情况不允许。以我当时的状态，无法将光盘准确地放到托盘里。因此，我在酒精引起的沉睡中度过了最后几小时，我在梦里看见绿色的光在我的游戏机上闪烁，并且听到了我的笔记本电脑启动时发出的呼呼声。”

如今，因手持移动设备的普及与便利，美国有24%的青少年几乎一直在上网。

来源：美国皮尤研究中心

美国青少年通常会同时操作两种、三种，甚至是更多种媒介。

来源：美国凯泽家庭基金会

一个典型的8～18岁的美国青少年通常住在一个有4台电视机、2台光盘/磁带播放器、3台收音机、3台VCR/DVD播放器、2台视频游戏机和2台计算机的房子里。美国青少年每天花费在媒介上的时间为7.38小时（或一周52小时），是与父母相处时间（每天2.17小时）的3倍多。

与之相比，在业余爱好（每天1小时）或体育锻炼（每天1.25小时）上花费的时间相形见绌，美国青少年在作业练习（每天约0.83小时）上花费的时间更是微不足道。美国青少年在媒介上花费的时间比其他活动（可能除了睡觉）都要多。

来源：美国凯泽家庭基金会

中国（内地与香港）：

“我感到焦虑、烦躁和不安。”

“我感觉自己像媒介的奴隶。”

“我坐在床上，盯着前面发呆。我无事可做。”

美国：

“我进入了绝对恐慌模式。”

“我觉得自己像个吸毒的人。”

“我完全被焦虑吞噬，我屈服了。”

阿根廷：

“我感觉像死了一样。”

“我总觉得自己少了点什么。”

“我感觉到没有交流的无助感。”

斯洛伐克：

“我非常绝望。”

“我慌了。”

“我感觉到一种强烈的痛苦。”

墨西哥：

“我开始感到痛苦和绝望。”

“我感觉自己不完整了。”

“空虚让我不知所措。”

英国：

“我是一个‘瘾君子’。”

“我感觉自己麻木了，像瘫痪了一样。”

“媒介是我的毒品。没有它，我感觉很失落。”

乌干达：

“我感觉自己好像有问题。”

“我重度依赖各种各样的媒体。”

黎巴嫩：

“我对媒介的依赖绝对到了病态的程度。”

“我是一个‘瘾君子’。”

“我没有想到会这么孤单。”

智利：

“我感到绝望，甚至是极度痛苦。”

“我的神经被压垮了。”

“我感到孤独。”

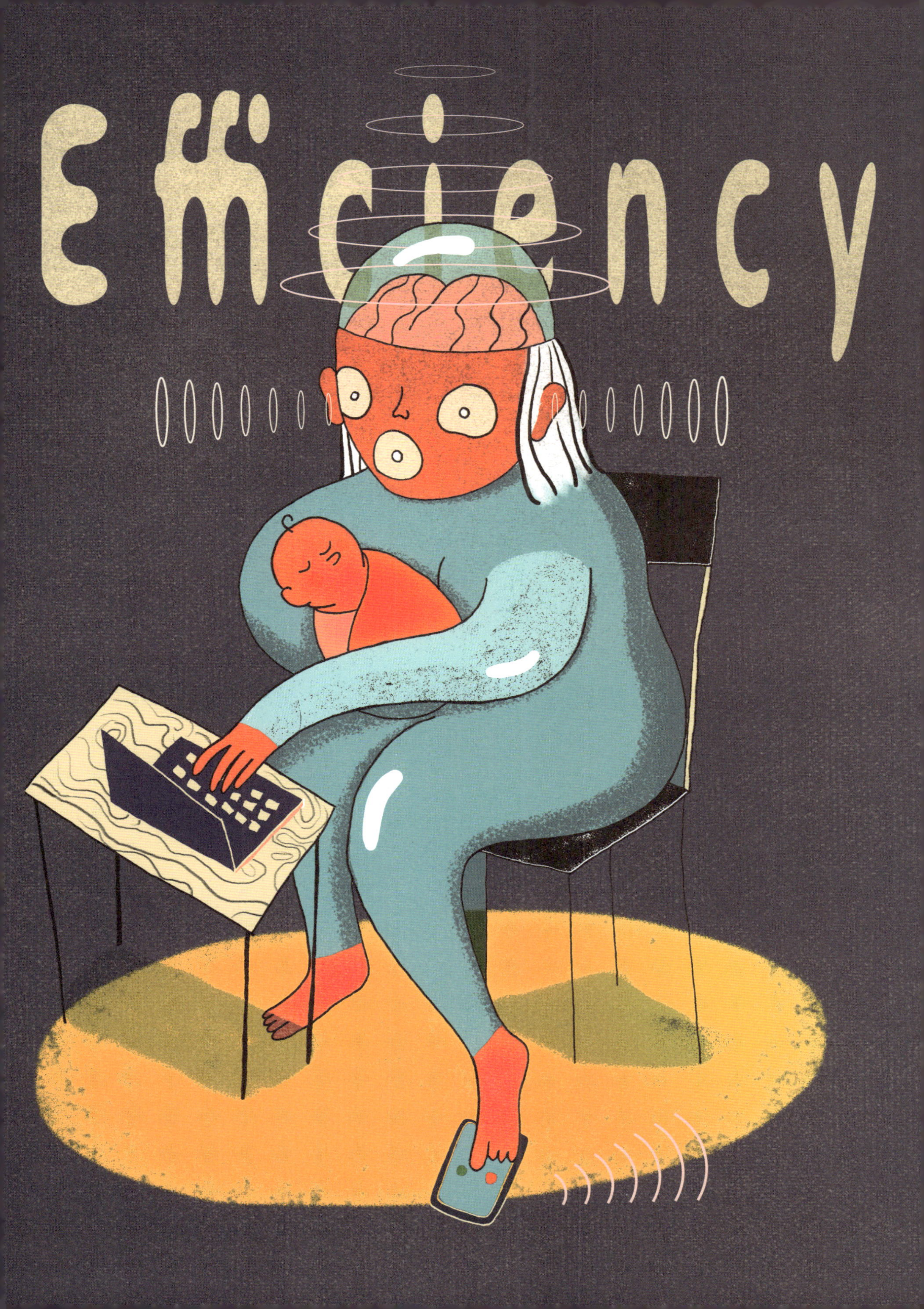
Efficiency

毫无摩擦的存在

奥利弗·波克曼

如果你想在现代科技经济中大赚一笔，诀窍就是找到一个“痛点”，然后想办法消除它（可悲的是，我在这儿讲的不是个人经历，而是别人告诉我的）。用硅谷人的行话来说，痛点就是生活中的种种“摩擦”（这也是硅谷人最喜欢的行话）所带来的、每天浪费我们的时间和精力的麻烦。这里有一个非常成功的消除痛点的例子，是一个价值数十亿美元、与各地成熟的出租车系统为敌的创业故事。

这个创业故事的痛点在于：想要打车的人需要查询当地出租车的数量，或是走上街头、带着不确定的希望招手拦车。另一个消除痛点的例子是先进的无接触式支付系统，因为（有人告诉我们）把手伸到包里、找到钱包、拿出信用卡或现金是一个痛苦的过程，所以这个系统使你在商店内的传感器上挥一挥智能手机就能完成支付。你是否觉得等待邮购的书籍到达或是到书店买书很痛苦？于是有人制造了可以一键式购买的电子阅读器。

科技界坚持认为，无论我们是否意识到技术的存在，痛苦都充斥着我们的生活。初创公司投资者亚历克西斯·瓦尼安说出了自己的观察：“我们甚至都没有意识到有的事情做起来很别扭，直到别人向我们展示了更好的方法。”

你可能认为只有傻瓜才会反对痛苦减少的生活，然而，如果我们观察得更仔细一点儿，就会发现这种无摩擦生活的前景确实有些令人担忧。毕竟，在实体书店购书本身并不是一件痛苦的事情，在适当的情况下，它绝对能给人带来正面的愉悦感。此外，就我个人而言，我发现在支付之前为了找钱包而被迫暂停一会儿非常有好处：这会稍稍提高我抵制无意义购买的概率。毫无摩擦的生活通常意味着毫无思考的生活。有的应用程序能够按时自动祝你的朋友生日快乐，所以你再也不需要惦记着给他们送上温暖的祝福。再让我们想想美国外卖服务的广告宣传（这是另一个建立在消除痛点之上的商业模式），重点都放在夸耀他们可以让你不与任何人互动就能拿到自己的芝士汉堡或炒面。他们的广告带有点讽刺式的幽默，但含义非常真实：和家人、朋友以外的人进行交谈是件有压力的麻烦事儿，有可能的话，最好完全避免。

我知道，我的语气听起来像对此有诸多抱怨，但这不是简单意义上的、勒德主义式的拒绝改变。至少自马克斯·韦伯以来，哲学家和社会理论家已经意识到，在使用技术追求效率的过程中，我们也承担着失去其他重要东西的风险。

“效率”这个词听起来很中立，能够帮你更快地实现目标，但它也常常会扭曲目标本身。在19世纪末的西方，作为“科学管理”风潮的一部分，手持写字板的顾问来到了工作场所，想要消除低下的效率。然而，在许多地方，人们对效率的重视超过了对工作场所最初建立目的的重视。美国社会哲学家刘易斯·芒福德写道：“记录时间变成了节约时间、计算时间和分配时间。在这种情况下，‘长远’逐渐不再是衡量人类行为的标准和重点。”简而言之，效率从来不是中立的，它的定义会随着某些期望而改变。

如今，没有任何力量可以阻碍效率的提升，你可以确信这种期望通常会是一个公司的财务健康状况。无接触式支付系统的效率高吗？作为一种储存积蓄的方式，它非常差劲；作为一种将财产快速转移到他人名下的方法，它无懈可击。

效率的问题不仅会出现在帮助他人牟取暴利的时候，当我们想提高效率时，也很容易给自己制造麻烦。在忙碌的生活中，你可能像我一样被诱导尝试了一个又一个的应用程序，这些应用程序承诺会通过优化收件箱中邮件的顺序、重新列工作清单、量身打造任务提醒等来提高你的工作效率，而你也许也发现了它们所带来的令人恐慌的副作用。

在催促你完成次要任务的同时，它们还将这些次要任务推到了应用程序的中心位置，你完成得越多越好。不管这些是不是真正重要的事情，“完成任务”本身就是目的。完成工作就像在仓鼠的轮子上奔跑：与从前的生活相比，忙碌并没有减少，却变得更加没有意义，而且还

如果被描述为高效的朋友、父母或情人，你也会感到沮丧，不是吗？

在无休止地为某个想象中的未来时刻“扫除障碍”，十分专注。但任务是永远不可能完成的，因为前方实际上存在着无限的潜在工作。就算是最优的效率提升，也无法带你走到无限旅程的终点。

这种由技术提高效率的风气并非只存在于工作中。在这个时代，人们的生活里也充满了活动追踪和睡眠监控类的应用程序，以及旨在减少烹饪和进餐时间的、像糨糊一样的代餐，对效率的追求同样影响着人们的休息和恢复。

德国社会哲学家西奥多・阿多诺和马克斯・霍克海默早在1972年就写下了富有远见的预言，尽管那时还没有出现活动追踪的应用程序：“‘机械化’具有控制人类享受闲暇和幸福的强大力量……人们的休息会不可避免地成为工作过程本身的余像。要想远离工作中——无论是在工厂还是在办公室——所发生的事情，只能依靠闲暇时间里类似于工作的事物。”

我想，提出这一点应该不算歪曲事实：生活中最令人感到充实的方面，从定义上来说一定是效率低下的，或者至少是无关效率的。这与人们对效率的追捧完全相反。一个人如果自豪地宣称自己在爱情、友谊、沉浸于自然和精神训练中的任何一个领域达到了高效，那他肯定犯了错误。（如果被描述为高效的朋友、父母或情人，你也会感到很沮丧，不是吗？）这些活动本身就是目的。如果一个人做这些活动时想着如何提高效率，则是白白消耗了它们的主要价值。

用于提高效率的技术有一个隐含的承诺：它们会帮助我们更快地处理完所有琐事，更快地到达那个我们可以真正开始生活的未来时刻。可是，那个时刻永远不会到来。相反，有一天，你会发现自己过着“完全顺滑”的技术生活：独自一人在家，吃着不用与人交谈就能得到的外卖食品，在网上看电影，避免了在电影院见到朋友的“痛苦”……同时，你也在毫无摩擦的存在中思考着，活着的意义到底是在什么时候彻底消失了呢？N

图片 |《（对科技的）爱》
摄影 | 马修 · 克

5 000年前，书写这种技术首次出现于黏土板上。

美国13～17岁的青少年中有92%的人每天上网。

西方国家每年向印度倾倒5万吨电子垃圾。

19世纪是大变革的时代，见证了电灯、听诊器和缝纫机等发明的出现。

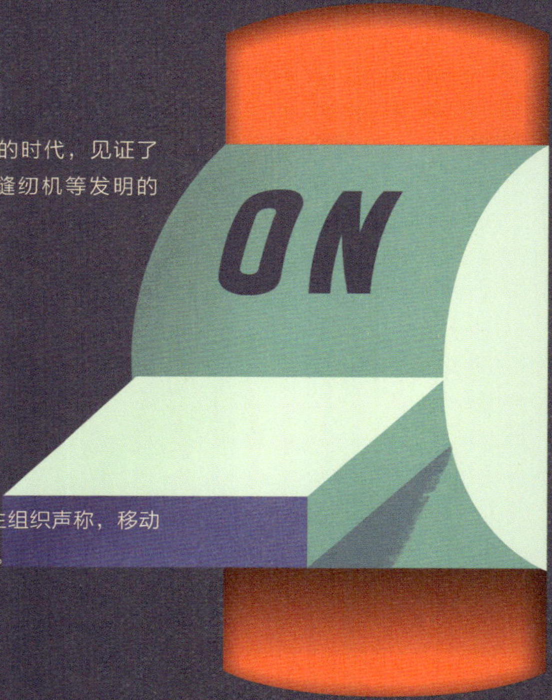

雅克·德·沃坎逊于1739年发明了“消化鸭”，是一种看起来可以进食和排泄的机器鸭。伏尔泰曾写道：“没有沃坎逊的鸭子，人们将无法记起法兰西的荣耀。”

2011年，世界卫生组织声称，移动电话“可能致癌”。

书籍终将消亡？在2010年，世界上发行了超过30万种新的出版物，仅在美国就售出了7.5亿本书。

截至2000年3月，美国股市中的技术指数纳斯达克指数在5年中上涨了400%，达到5000点；而到了2001年3月，该指数下降一半有余，跌至不足2 000点。

在患者就诊期间，超过40%的医生会上网，使用的通常是手持设备。

美国成年人平均每天会在电子媒介上花费11小时，也就是70%的苏醒时间。这些电子媒介包括电脑、智能手机、电视机、录像机、游戏机和收音机。

明天再见

安东尼娅·凯斯

前段时间，我站在一家音像店外面，看见店里有一位母亲和她的双胞胎女儿。那位母亲正在和音像店的老板聊天，在她身后，漫无目的闲逛着的女儿们转身看向墙上悬挂的电视机。电视机正播放着好莱坞电影中常见的场景——两个男人正在拼死搏斗。

我在脑海中构想了这个场景的重现，但这一次，电视机里的场景出现在现实生活中：有一位母亲安静地挑选着光盘，而两位成年男性在她的身后拳打脚踢，搞得头破血流。

现在，假设这个场景在现实生活中发生了，我们可以相当准确地预测这位母亲的反应：她会在这个可怕的屋子里找到自己的宝贝孩子，并且拼命地把她们带到安全的地方；离开以后，这位母亲也许还会要求孩子回忆这个过程，以确保她们没有遭受任何形式的创伤后应激障碍。没有哪位母亲会希望自己9岁的女儿带着这种阴影生活一辈子。

窗帘拉上，灯光熄灭，将安乐椅拉到电视机旁边，我经常这样想象数十亿人在晚上把自己“丢”在电视机前（或是最近更为流行的电脑屏幕前）的样子。还有一部分人则奔赴电影院之类的公共放映室，以获取与性、谋杀、残害等主题有关的内容。然而，经常让我感到困扰的是：如果一模一样的场景在现实生活中上演，同一批人则会发出各式各样的抱怨，例如“偷窥狂”“好卑鄙”“太暴力”等。他们会故作清高地把目光从性爱场面上移开；他们面对屠杀和暴虐的行为，会感到震惊、愤怒，会紧紧地攥住拳头。但是，当这些场景出现在屏幕上，他们又会将自己的观看体验描述为“信息量大”“令人愉悦”，甚至是“十分艺术”。

人们似乎普遍认为屏幕里上演的事件与我们在现实生活中亲眼看到的事件是不同的。首先，在现实生活中，你可以对自己看见的事件采取行动。如果有人企图在你的家门口搞谋杀，那么你可能不会并且也不应该无动于衷；如果两个男人在一家音像店里拼死搏斗，那么你作为父母的义务就是让自己的孩子远离伤害。

"EVERYTHING IS TRUE"
意为"什么事情都是正确的"

1919年，心理分析学家维克多・汤思科博士写下了《精神分裂症中“影响机器”的起源》一书，详细介绍了许多精神分裂症患者的经历。汤思科接触过的精神分裂症患者相信，他们的问题是由“影响机器”（又称“小黑匣子”）引起的，这种机器能够将平面图像刻进他们的大脑里。根据精神分裂症患者的说法，“影响机器”可以移除他们大脑里自己产生的思想和感觉，也可以制造新的思想和感觉。精神分裂症患者的困难在于无法区分个人创造的感觉、思想和知觉与“影响机器”传送的感觉、思想和知觉。（当然，“影响机器”是他们凭空想象出来的产物。如今，有99％的家庭摆脱了这种创造力的负担。）

个人记忆是创造力、性格特质和品格特性的来源。正是由于我们的记忆、思想和感受，我们才成为现在的样子。我清晰地记得小学时阴雨连绵的日子里，许多孩子挤在锡制的棚屋里听着雨声。我很容易就能回想起潮湿的羊毛套头衫和发酵的午餐的刺鼻气味，这些气味好似仍刻在我的大脑里。这些我小时候的个人记忆把我和我现在所成为的人联系起来。如今，在下雨的日子，懒惰的老师会把面无表情的孩子们放在电视机前，孩子们不用琢磨雨声，而是盯着屏幕上的影像，或是会喷火的龙，或是会跳舞的企鹅，孩子们很开心。他们不吵不闹，像僵尸一样，几乎一动不动地盯着屏幕，而老师则在一天的忙乱中得到了喘息的机会。可是，孩子们怎么知道如何把自己的想法与机器留在他们大脑里的图像区分开呢？

有一件事是可以肯定的，那就是我们知道仅仅依靠身体无法分辨出差异。想培养一名冠军运动员，你便要教她构建想象，让她构想一次成功的表演，让她在脑海中一步一步地完成这个过程，让她构想自己的最佳状态。

1976年，理查德・苏恩博士在《今日心理学》的一篇文章里描述了自己帮助滑雪运动员备战奥运的方法。他写道：“我教滑雪运动员使用脑内图像练习滑雪运动的技能。曾3次获得奥运金牌的滑雪运动员让・考德・基里回忆道，在某场比赛前，他所做的唯一准备就是在脑中练习滑雪。他当时处于某次受伤的恢复期，无法在滑道上练习。基里说这场比赛最后成为他发挥最好的比赛之一。”

苏恩继续写道：“在一次实验中，我让一位高山滑雪运动员一分一秒地想象着自己正在参加速降滑雪比赛，并记录了他的肌电图反应……滑雪运动员在脑海中模拟突然起跳时，身体也出现了肌肉爆发……他的肌电图反应记录几乎就是滑雪过程的重现。”研究表明，大脑里的图像会使身体产生生理反应。换句话说，我们的神经系统会对我们大脑里携带的图像做出反应。

曾经，我们大脑里的大多数图像属于自己，这种情况直到19世纪20年代后期才发生改变。的确，在阅读过程中，书本可以依靠想象将我们带往不同的时间和地点，并且阅读文字而产生和保存在大脑里的图像是我们自己的产物，受到我们的控制。对于在脑海里上映的电影，我们可能不是叙述者，而是导演者。

研究表明，大脑里的图像会使身体产生生理反应。换句话说，我们的神经系统会对我们大脑里携带的图像做出反应。

19世纪30年代时，彩色照片问世，但是质量很差，而且其技术还没有广泛普及，但这种情况在第二次世界大战之后有了较大的改变。强大的图像生成器被锁定在家家户户，每分每秒都在制造着大批的图像，反反复复，而且栩栩如生，吸引的观者越来越多。由于电视机的出现，人类开始将机器生成的图像和自己脑内生成的图像一起存放在脑海里。而且，众所周知，人工图像一旦进入大脑，就和我们在现实生活中经历过的真实图像一样，会永远留在那里。想想看，你可以从脑海里抹去某个从电视机上看到的名人、夜间新闻播报员，或是最近观看的电影主角的形象吗？

当然，文章开头那家音像店里的母亲可能并不太关心孩子们正在看什么。确实，可能正如她想象的那样，她的孩子在现实生活中看到的东西比在电视机上看到的东西要糟糕得多。在长大成人的路上，她的两个女儿将会在那样的“黑色盒子”里多次目睹战争、自然灾害、车祸、飞机失事、恐怖袭击、强奸、绑架、侵犯和虐待等。随着时间的流逝，她们会变得逐渐麻木，那些画面最终会像灰尘一样，对她们几乎没有任何影响。但是，敏感的艺术家类的人可能会承受最坏的影响，包括产生注意力障碍、过度警惕、暴躁易怒、常做噩梦和往事不断重现等。从某种程度上来说，每个人都会对生活中的某个瞬间突然失去兴趣。

作家杰里·曼德在1978年出版过一本颇具争议性的书，名为“消除电视机的四个论点”。曼德写道:“你看电视机的时候，也在体验心理图像……但这些心理图像不是你的，而是别人的。此时，你的其他能力已被压制，而电视机之外的世界也变得暗淡，所以这些图像可能会对你产生非常大的影响。我的意思是这个过程和洗脑、催眠、精神摧毁之类的事情很像吗？毫无疑问，有人在往你的大脑里输入信息，并想要你采取以下行动：

第一，继续收看；
第二，在脑海里保留这些图像；
第三，买点东西；
第四，明天再见。”

设想一下我们能够通过具有人类外形的机器来建造房屋、种植粮食、参与战争、审理案件、建立教堂，甚至是诉说祷告。如果我们将一些男人和女人——哪怕是现在居住在世界上文明程度较高的地区，但是确定会成为自然能够并将要产生的饿殍的标本的人——换成这样的机器人，将会造成巨大的损失。人性不是一台能够按照统一模型建造出来的机器，不能设置成完全依照模型去工作。人性更像一棵树，需要根据内在力量的趋势，往各个可能的方向去生长和发展，这才使人类成为活着的生物。

约翰·斯图亚特·穆勒（1806—1873，英国著名哲学家、政治经济学家）

哲学技术支持部

作品 | 《存在主义连环漫画》 作者/插画家 | 科里·莫勒

您需要接受自己在任何情况下都拥有的行动自由，不存在“别无选择”的时候。事实上，您选择了给我们打电话。其实，您还有别的选择，比如自杀。
反恐胜利！
你能不能把我的电话转接给你的经理？我看出来了，你也是个傻子。
随你怎么说。
没问题，不过我是自己选择这么做的。
您好，我是海德格尔。请问有什么可以帮到您？
我的调制解调器坏了。
哦，太好了，恭喜您！
什么？不，我说的是它坏了，不工作了！
太棒了！所以您需要我做什么？
最可爱的10种猫
你脑子坏了吗？我想要你修好它！
修好它？您为什么想要这么做呢？技术只能让您脱离本真的生活，脱离“存在”！我敢说您肯定从早到晚都在上网，注意力分散，孤单寂寞，没有真实的体验。
我只是想修好我的调制解调器，不想听你在这儿长篇大论地告诉我该怎么过好我的生活！还有没有更高级别的人能和我谈谈？
好吧，我会把您的电话转接给最高级的技术员。
终于！
真是个蠢货。
我还在呢！
啊！现在转接成功了。
您好，这里是佛陀。
我的调制解调器坏了，我需要修好它。
这样啊，您看，您需要从对互联网的欲望中解脱出来。从本质上来说，调制解调器的存在只是刹那的，而您希望它一直工作的欲望最终只会给您带来痛苦。
您好，在吗？好吧，那这一单我就记录为“问题已解决”了。

图片｜《污染》　作者｜杜震君

采访者 | 赞・博格
受访者 | 杜震君

通天国

受过古典主义训练的中国艺术家杜震君的第一个摄影系列“通天国”反映了当代的世界末日场景。人类正面临着一场自己带来的灾难。

您想通过您的摄影系列“通天国”传达什么样的观点?

“通天国”系列开始于2008年。我先创作了6张照片，描绘的是一个仅仅通过互联网连接而存在的新国家。那是我根据互联网上已有的信息自己想象出来的。这个系列中第一张作品的名字是“独立日”，也就是这个新国家的总统就职日。我将自己置于塔楼底部的前景中。作为创作者，我承担着国家元首的角色——这个位置相当难坐。每张照片都对应了一个特殊事件，发生在一座宏伟而独特的塔楼脚下的大城市里，它们一起凑成了一套数字照片的合集。

在“通天国”故事中，混乱的语言和受到惊吓而散开的人类是我的灵感，让我以当代文明的形式重新构想了这一系列醒目而富有戏剧性的视觉艺术作品。我的这个系列围绕着数字语言的主题，也就是通用语言的主题。我在2011年制作了其他照片，聚焦点更多地位于塔楼的底部。在那里，人类占据了中心位置，在前景中上演着他们的生活。

技术对当代社会有什么影响？

在如今的世界，什么都有可能发生。这是每个人自己的帝国。每个个体都在全球化的场景里进行着一场持久的战斗。在这场战斗中，我们必须非常谨慎地行事，以免让自己或他人处于危险之中。

这个系列向我们展示了一个混乱的世界，您觉得您对世界的看法在整体上是积极的还是消极的？

对于道家学者来说，情感是我们感受到快乐或痛苦的根本原因。情感以各种各样的形式存在于我们生活的方方面面。我们的消极情绪是积极情绪的来源。归根结底，还是人类产生了这些情感，所以这些情感的转化也取决于人类。

您认为人类将走向何方？

在我的系列作品中，我清楚地展示了人类的无用性，但这并不意味着我不相信人类。现在的社会正发生着深刻而迅猛的变化。我们正处于一个转折点。人类必须超越自我，找到解决问题的办法，比如我们今天所面对的环境问题。

在技术方面，您认为人类所面临的最重要的问题是什么？

由于技术的发展，无论人们生活在世界何处，我们未来的生活都会变得比以前更为相似。人类社会的文化差异会变得越来越小，直到完全消失。无论如何，正如历史所揭示的那样，人类不可能在同一时期拥有两个共生的文明。它们无法兼容。全球化将使我们最终生活在同一个文明中。N

图片 | 《毁灭》　作者 | 杜震君

“由于数字技术……无论人类住在哪里，他们在未来都会殊途同归。彼此的差异会变得越来越小。”

图片 | 《燃》　作者 | 杜震君

“无论结果有多么负面，我们都不能忘记那是人类文明。”

图片 | 《雪》　作者 | 杜震君

"道家说：'祸兮，福之所倚。福兮，祸之所伏。'"

图片 | 《欧洲旧景》 作者 | 杜震君

“全球化带来的资本主义已经成为世界的主导。所有社会里都会有其受益者，也会有其受害者，就是那些被边缘化的、一无所有的穷人。”

图片 | 《风》　作者 | 杜震君

“假作真时真亦假。”

作品｜《B. F. 斯金纳》 作者｜彼得·斯特雷恩

最初，

发展技术是为了
不让劳工感到
筋疲力尽；

如今，

发展技术是为了
给人类
带来微不足道的
方便。

我们是否遗忘了如何遗忘？

帕特里克·斯托克斯

快问快答：你最好的朋友的电话号码是多少？

如果你无法马上给出答案，也不要太难过。这个电话号码就存在你的手机里，但你很可能没有真正的理由将它背下来存入大脑。在没有手机时，你也许曾经有过一本电话簿，用来存储你的朋友和家人的电话号码。无论在哪种情况下，这件物品都会为你储存记忆。不论是你口袋里那支时尚的装备还是精心设计的通信录，都是你的大脑的一个小而有用的扩展。

“假体储存”并不是什么新鲜事物。书写一直是一种存储信息和交流信息的方式。印加人的“quipu”就是指一系列绳结形成的文字，代表了一种杰出的早期技术，用于保存因太多、太复杂而无法被人脑记住的数据。

然而，因信息革命而产生的数据呈指数级增长，比以往的任何时候都要多。据估计，在计算机问世之前，人类总共产生了大约12EB（艾字节）的数据，相当于120亿GB（吉字节）。此后，一切都变了。在2011年左右，人类产生的数据总量超过了1 000EB，即1ZB（泽字节）。现在，我们认为这个数据已经超过了8ZB。我们被淹没在信息的洪流里，这使人类历史上的其他一切显得相形见绌。我们还在创造更多信息、保留更多信息，这些早已超出人类大脑的存储极限。所以，从图书馆到智能手机，再到大负载的服务器仓库，我们越来越依赖于储存假体，这一点也不奇怪。同时，我们调用起这些信息也比以往更快、更轻松。

并非所有人都认为这种假体储存的急速增长是纯粹有益的。最近流行的说法是“互联网永远不会遗忘”，事实上，遗忘对于信息处理来说是不可或缺的。奥地利的数据科学家维克托·迈尔-舍恩伯格警告说，遗忘是一项我们越来越少用到的技能。而且，在记忆经济学里，我们已经跨过了一个非常重要的门槛：以前，储存假体是昂贵的；现在，打印和摄影之类的技

REC

还有一个更深刻的担忧：在记录和分享我们生活的方方面面时，我们其实忽略了实实在在地体验生活。

术逐渐变得越来越廉价。但是，产生和存储信息的相关事务仍然需要一些成本，这就意味着我们需要决定保存什么、放弃什么。

如今，相较于人们的平均工资，数字存储已经变得非常便宜（至少在高度发达的国家是这样的）。打个比方，花费时间去浏览照片以确定要删除哪些，要比简单地保留所有照片昂贵得多。有史以来，我们第一次到达这个阶段：储存比遗忘便宜。所以我们现在在默认情况下都是先储存所有东西，这并不奇怪。

储存，然后共享。技术的廉价也使得与他人共享经验变得前所未有地容易。在人类社会的大部分历史时期，创建和传输文本、图像既费力又昂贵，但我们现在可以随时随地以微不足道的成本向整个地球传播自己在任何时间看到的任何内容。因此，每一个平凡的时刻，每一顿早餐，每一次普通的日落，每一次和猫猫狗狗的偶然相遇，都能出现在社交媒体，并会永远地存在于不会遗忘的电子世界中。

当然，还有自拍照。很多很多的自拍照。

自拍很容易遭到嘲笑，因为有人觉得策划和分享平淡无奇生活中的小事有点自恋、有点愚昧。此外，还有一个更深刻的担忧：我们以这种方式捕捉和分享世界的时候，也会失去一些极其宝贵的东西。在记录和分享我们生活的方方面面时，我们其实忽略了实实在在地体验生活。在自己和世界之间隔着一个东西——从字面意思上理解，就是相机，更具体来说，则是一种捕捉和分享经历的任务——而不是沉浸在此时此刻。因此，我们与体验本身变得越来越疏远。我们完全避免了与世界产生直接接触，而是将其转换为可以共享的记忆实体，根本没有亲身体验。

像大多数文化焦虑一样，这种行为实际上早在智能手机出现之前就存在了。在1975年发表的一篇文章中，小说家沃克·珀西描写了一个预订了大峡谷旅行的人。能用自己的眼睛看见大峡谷已经很困难了，因为大峡谷已经被成千上万的明信片和旅游指南“提前构建”了。想象一下这种情境，你在游览一个著名地标，最后震惊地发现它竟然和某些照片里一模一样。

珀西继续告诉我们：“看到大峡谷的那个瞬间，游客的行为会使用自己的眼睛看见大峡谷这件事变得更加困难。这就好比一个无所不知的人面对一个等待了解的事物，他没有选择去看它，而是拍摄了照片。这样就根本没有直接面对的困难了。在40年的提前构建之后，大峡谷终于在他的脚下，而他做了什么呢？他放弃了亲眼去看、亲身去了解的权利，而是为接下来40年的符号做了记录。对他而言，没有现在，只有已经被构建且看见的事物的过去，以及已经被构建但未被看见的事物的未来。现在，屈服于过去和未来。”

有一个人来到大峡谷看明信片，然后把大峡谷变成照片。其实，他从来没有看见过大峡谷本身。他在忙着记录它。他的现在立刻被推到过去。正如乔治·康奈尔所言，珀西笔下的游客正做着克尔凯郭尔所描述的事情：在他仍然可以体验的时候，就开始忙着回忆这段经历。珀西和克尔凯郭尔都意识到了我们有时候可以用回忆代替体验，因而无法与世界以及彼此真正地接触。

对于存储技术会侵蚀当下体验的焦虑深深地渗透到西方人的心里。苏格拉底推崇说话，并且担心写作会使记忆萎缩；罗兰·巴特指出，照片取代或覆盖了我们的记忆；瓦尔特·本雅明感叹道，动态的影像也无法保存直接的现场体验，尽管自己在人像摄影中还是看到了这种氛围。“活在当下”的劝告无疑与人类自己的历史一样长久。克尔凯郭尔再次告诉我们，快乐是“实实在在地与当下的自己共处”，也就是“活在今天，实实在在地活在今天”。

那么，我们受到社交媒体的驱动而转换存储方式是否是完全负面的呢？也许，我们可以不必忘记如何活在当下，而是寻找活在当下的新方法，通过与更多人在时空上共享，来扩展当下的时刻。至少，我们可以学着如何做到这一点。

随着新技术的普及和日常使用，以及涉及部分技术的透明化，我们对技术的担忧会趋于消散。想想你上一次打电话给最好的朋友时，你有没有把精力放在拨出号码的动作、怎么使声音听起来令人印象深刻、通话在另一端听起来如何等事情上？你很可能没有，因为这项技术多多少少已经隐身于你的生活里。你只专注于和自己的朋友说话。

人们很容易忘记的一件事情是，大众社交媒体时代的发展还不到10年。如果我们仍然在以有意识的方式创造和共享记忆，那可能只是因为我们还没有学会不用思考就去做这些事情。我猜我们离那一天不远了。一旦技术变得透明化，我们将再次了解直接体验的感觉，并且是以往所不能达到的程度，能够不受地方和时间的限制，共享体验。

数据科学家迈尔·舍恩伯格的观点是正确的：记住一切是有代价的，因为对于我们与自己与他人相处而言，遗忘有时候至关重要。然而，保存记忆也是有好处的，就像分享过的那些早餐，难道这些平凡的瞬间不值得被保存吗？各个时代的艺术家都曾发现过俗世里令人震撼的美，使我们的日常生活焕发新的光彩。也许我们最终会拥有这样的技术，能完成人类无法完成的工作——见证和保护每个人的一生中所有转瞬即逝的时刻。N

人们很容易忘记的一件事情是，大众社交媒体时代的发展还不到10年。

尼安德特人

DBC 皮埃尔

让我们从适合的角度来讲述一些事情。根据史密森学会的说法，人类在260万年前就开始制造工具了。当然，并不是角向磨光机这种复杂的机械工具，而是石制锤子和磨尖的石片。只有考古学家才能把它们和普通的碎石头区分开。不过，时光飞逝，约100万年后，人类制造出了手斧。当然，它仍然是用石头制成的。坦率地说，想要在一堆石头里发现它，您还是需要一双视力良好的眼睛。但是，此时的我们已经很有进步了。在我们胡乱地使用石制锤子和磨尖的石片约100万年后，也就是经历了万代人以后，终于有人想出:“我们为什么不直接磨尖锤子呢？”

这就是人类进步的平均速度。如果将人类还在树上生活到发明数字手表的时间跨度连成一条线，这就是我们的创造速度，和我们在遗传以及神经系统层面进化得比其他猿类高级的速度差不多。在一张A4纸上模拟一下会发现，人类的技术线的发展在这期间基本上是水平的，就像离世之人的心电图一样。但是，根据不同人的说法，人类遗传线的发展幅度可能会在1%~4%。

手斧问道：“我们就停在这里了吗？”不可能的，约瑟，一旦我们开始向前发展，勇敢的“双足行动者”就不会停下。仅仅在140万年后，也就是手斧出现了14 000个世纪之后，我们才想到可以在上面安一个手柄。这似乎是人类技术发展过程中具有决定性的一步，因为此后在短短的20万年时间里，我们就站在了一台蒸汽机的旁边；又过了350年，我们拥有了减肥机；30年后，《吃豆人》游戏出现；14年后，蓝牙被发明；4年后，搜索引擎面世，一直到最近出现的宠物自动喂食机器人。余下的，如我们所说，都是历史。

GREAT NEWS
GREAT NEWS

我们仍然是黑猩猩，但是没有什么能比智能手机更快地让我们忘记这个事实。

我想说的最重要的事情是：如果我们将人类直立行走的那天到发明宠物自动喂食机器人的时间跨度连一条线，那么这条线在历史的长河里大多数时间是水平的，只在最后0.006％的时间里变成垂直的。所以，我们如今正处于垂直发展的状态。这样垂直发展的存在——垂直得就像在飞流直下的瀑布里划独木舟往上爬——很容易让人忘记人类的整个发展构成。这就是说，如果人类是适应性的生物，那么在99.994％的历史时间里，我们已经适应了水平发展的生活方式。可怕，我们花了140万年才发明出手斧的手柄。这样一来，在人类的整个生命周期中，也许不会出现明显的变化，人类不会认识变化或期待变化，因为没有这样的机制。作为欢乐的原始人，我们一直做着同样的事情，没有任何变化。我们活着，但发展一直是静止的。

也许只有最近的5代人可以说出后代使用的工具与他们当年不同，并且清楚地知道后代的后代会再次使用不同的工具。这些数字再一次出现了：在保守的8万代人里，只有5代工具制造者。科学正在向我们保证：为了适应，我们是否已经变成了具有30位数和虚拟生殖器选项的无线传输生物？没有。我们与黑猩猩最多保持着4％的差异率。也许在我们发明手斧的时候，我们和黑猩猩的差异就已经这么大了，也许早在我们做好第一顿饭的时候就已经与它们如此不同，谁知道呢？

似乎是在发明了手斧的手柄之后，未来就像一架低空飞行的喷气式飞机一样，超越了我们。在一秒钟前，我们刚刚听说它要来；在一秒钟后，它就永远地走在了前面。在这个令人眩晕的时代里，我们变得充满热情，对什么都跃跃欲试，开始梦想着未来，就像从前人们梦想着沙漠车队能运来新的布料一样。我们仍然是黑猩猩，但是没有什么能比智能手机更快地让我们忘记这个事实。埃贡·拉森于1957年出版的著作《你会看到：来自未来的报道》的书封上所写的话，描述了我们的这种兴奋。

“假设您今晚入眠后，25年不会醒来，那时的世界会是什么样子？这本书会告诉你它有可能会是什么样子。这本书与其他预测未来图景的作品有两个主要的区别：首先，大多数读者再多的文身都无法让我们脚踏实地，我们可以刺穿每寸皮肤，但仍然是昨天的猿人。

会活着看到书中描写的世界；其次，在书的最后，作者详细介绍了他的预测所基于的科学发现和发明，以及人类的发展和趋势，并且一些来自各个国家的惊人的实验照片、模型和原型为本书提供了充分的证据。因此，这本书绝不是毫无根据的猜测——它的主体是基于事实。

“作者在经历了长达25年的深度冷冻睡眠之后醒来。他描述自己所看见的世界，仿佛是一位记者在描绘一个迄今为止未被了解的国家一样。这是一个奇怪的世界，比我们悲观的祖先所想象的要好得多，但它并非没有特有的问题和困难。战争已经成为过去式，世界政府负责人类的命运，作风仁慈，但又有些官僚气。有一个财力雄厚的科学基金组织提出并支持新科技的发展。各国没有将资源浪费在军备上，反而成功消除了贫困。因此，种族歧视和宗教偏见也大范围地消失了。

“印度是亚洲的工业大国，撒哈拉沙漠被灌溉成了世界的果园。如今，直升机和汽车一样普遍，由‘原子电池’系统供应的核能源改变了不发达地区的面貌，单轨火车和快捷客运潜水艇被引入市场。人类发明了新的食物，也战胜了过去束手无策的致命疾病——那时出生的孩子，预期寿命是120岁。在世界几乎完全自动化的情况下，人类每周只需要工作24个小时；高于地面一层的步行道路缓解了大城市的交通问题；每天有1个小时的“阴雨时间”；可以通过电视机选择结婚对象；房间可以调节大小和形状；墙壁上有彩色电灯；可以通过气压管购物；催眠成为一种心理治疗手段；人们通过传真在家打印报纸……这是一个勇敢而惊人的新世界。”

那位作家期待着1982年的到来。通过他迷人的文字，我们知道曾经有一段时间，人们认为技术可以解放人类，并为人类服务。除此以外，拉森写下这本书的原因也十分明确：人类发展的曲线变得垂直了，而他实实在在地感受到了。但是从今天的角度来看，他的预测只能告诉我们一个大家多多少少一直知道的事实：技术不会解放人类。只有人类才能解放自己，但是我们也不会这么做。我们不知道事情会如何发展，因为我们没有发言权。人性，是每个方程式中都缺少的东西。

那么我们再来看看这些：潮汐、旋涡和飓风并不会独自奔涌，它们会吸取周围的力量，建立起平衡、应对与供给的系统和子系统。作为粒子宇宙的一部分，作为变化的有机媒介，我们必须经历类似的过程。这让我不禁感到疑惑，我们要如何平衡、应对与供给那只不会因为技术而改变的黑猩猩，是安慰它、鼓励它，或是不让它落后吗？

如果我们把目光投向最明显的变化，可能会看到一种模式。撇开金钱是驱动力的事实，我们要的东西越来越多，到底是想要什么呢？肯定不是手斧的手柄、蒸汽引擎或者搜索引擎。相反，我们正在想尽一切办法研究自己，就像观察黑猩猩一样。我们在寻找表达和演练人类成果的方式——音乐、娱乐、媒体，也就是艺术。

它们简直使新的世界变成了一座满是镜子的房屋。当然，我们一直都有音乐、绘画和戏剧，但是，它们现在已经发生了变化：我们和它们一起开车，同它们一起飞行，与它们一起睡觉，工作时也少不了它们。而且，当我们抛开一切、放松休闲的时候，我们会在屏幕上再次观看它们。我们是突然对自己着了迷，还是早已如此，只是变得比以前更强烈了？我们对媒介的这种狂热难道没有边界吗？我们没有这种填鸭式的感觉吗？

我想知道的是，面对所有的技术，我们的灵魂是不是连它的一半都没有掌握。我们内心那个挥舞着手斧的原始人还在踉踉跄跄地寻找着定位。如果没有母亲的角色、马术的知识、对土地的了解、温顺的性情，甚至是桌上的电脑，我们现在会是谁？

再多的文身都无法让我们脚踏实地，我们可以刺穿每寸皮肤，但仍然是昨天的猿人。我们身边的风景不再静止不动。所以，也许在这里，我们正在表演、歌唱、玩耍、写作、绘画，想要制订心理治疗的新计划，想要重新演绎数百万种全新的角色。就像第一次一样，我们或是公开或是隐秘地跟随着自己。也许法国作家让·谷克多完全说对了：“艺术就是明确的科学。”

在我看来，技术本身通常并没有太大的问题。我们的机械和创意，我们的远距离通信装置，甚至是能够立即将140个字符的有意义文本向世界传输的新奇设备，都没有使我们落得很远。

我们唯一的持久性难题，技术仍然无法解决：为什么我们使用这些工具，只是为了传播这样一条信息——阿什利刚才放屁了？

最后，也许只有我们的设备从树上“爬”了下来。N

"电脑"完全没用。它们只能给你答案。

巴勃罗·毕加索

（西班牙著名画家）

作品｜《自画像》　作者｜巴勃罗·毕加索，1906年

生活哲学

麦克唐纳

最喜欢的5本书：
1.《白鲸》
赫尔曼·梅尔维尔
2.《短篇小说全集》
弗兰茨·卡夫卡
3.《一间自己的房间》
维吉尼亚·伍尔夫
4.《巴黎的肚子》
埃米尔·左拉
5.《独立之子》
哈多尔·拉克斯内斯

最喜欢的哲学家：
伊曼努尔·康德，然后是大卫·休谟。

最喜欢的名人名言：
我们的生命其实并不短暂，可是我们浪费了很多时间。如果把时间都花在对的地方，那我们的生命足够漫长，我们拥有的时间足以让我们取得最高的成就。然而，如果在毫无节制的奢侈里浪费时间，如果没有将时间花在任何有意义的活动上，当死亡的最终约束到来的时候，我们会被迫意识到，生命已经在不知不觉中流逝了。
——
塞涅卡
约公元前4—65，古罗马政治家，斯多葛派哲学家

推荐的纪录片：
《生命之源》
戴维·阿滕伯勒
1926—　，英国广播公司自然纪录片主持人

最喜欢的艺术作品：
《20号》
马克·罗斯科
1903—1970，美国抽象派画家

最喜欢的古典乐：
《非暴力主义》
菲利普·格拉斯
1937—　，美国作曲家

哲学对您而言意味着什么？
它是一种生活的方式，一种执念，一种保持一无所有的方式。严肃地说，这是一门对生存当中最基础的元素进行推理的学科，同时也涉及一些次要元素。

哲学为什么如此重要？
其他的一切都转瞬即逝。没有哲学，我们只能在黑暗中盲目地摸索。没有什么比看着现在的官僚们要求哲学具有实用价值更令人沮丧的了，这意味着野蛮人正在获胜。

在当代社会中，我们面临的最大问题是什么？
短期主义和（肤浅的）功利主义思维。二者是一种致命的组合，贯穿了管理、政治和政策发展的各个领域。我们被压迫成了狭隘的生命！

您希望通过研究哲学获得什么？
希望没有浪费我的一生。即使深奥难懂，做哲学研究也绝不是一种浪费。

生命的意义是什么？
用亚里士多德的观点来说，就是“好好生活”。

凯瑟琳·麦克唐纳是一位现居墨尔本的哲学家。

生活哲学

切迪

最喜欢的5本书：
1.《重构哲学标准：肤色与知识之实》
乔治·扬西
2.《郊区佛爷》
哈尼夫·库雷西
3.《运动力》
杰奎琳·伍德森
4.《教育共同体》
贝尔·胡克斯
5.《学会分裂世界》
约翰·威林斯基

最喜欢的哲学家：
我最近读了很多查尔斯·赖特·米尔斯的作品。

最喜欢的名人名言：
有远见的批评家和艺术家应该成为知识自由斗士的典范。也就是说，文化工作者应该在将自己置于主流之中（或是与主流同行）的同时，明确地与那些立志继续批判和抵抗传统的团体结盟。
——
康奈尔·韦斯特
1953—　，美国哲学家、作家

推荐的纪录片：
《斯图亚特·霍尔计划》
约翰·阿科姆弗拉
1957—　，英国剧作家、电影导演

最喜欢的艺术作品：
《不，女人，不要哭》
克里斯·奥菲利
1968—　，英国艺术家

最喜欢的古典乐：
RAGA RAGESHRI，是非常优美的印度拉格
印度古典乐的基本曲调之一

哲学对您而言意味着什么？
我很同意西蒙·克里奇利的主张，即哲学始于“不确定但可触及的感觉：所渴望的东西没有得到满足，一次疯狂的努力最终失败。哲学始于失望”。

哲学为什么如此重要？
因为发现假设和挑战假设都很重要，尤其是那些假设为某些政策或社会实践的价值奠定了基础。

在当代社会中，我们面临的最大问题是什么？
扎拉·贝恩将其形容为“统治和暴力系统，以及推论性的认知系统，而这些系统又能帮助否定和消除它们本身”。是否可以说我们“面对”着否定和消除，则是另一个问题。

您希望通过研究哲学获得什么？
我的高中哲学老师克里斯·劳恩曾将哲学描述为“垃圾探测器”（一款帮助用户发现虚假新闻的软件）。我现在仍然很赞同这个想法。

生命的意义是什么？
是一部巨蟒剧团的电影（英国的系列喜剧电影）。除此之外，我也说不出是什么。

达伦·切迪是英国伦敦大学学院的老师，是一名嘻哈教育家。

生活哲学

阿伊德

最喜欢的5本书：
1.《与希罗多德一起旅行》
雷沙德·卡普钦斯基
2.《我怀念我逝去的战争》
安东尼·劳埃德
3.《撒马尔罕》
阿敏·马卢夫
4.《微妙的平衡》
罗因顿·米斯特里
5.《快乐的家庭》
卡洛斯·富恩特斯

最喜欢的哲学家：
伊本·西拿，也就是阿维森纳（拉丁语名）。

最喜欢的名人名言：
什么是恶，不正是善被它自身的欲望折磨吗？
——
纪伯伦·哈利勒·纪伯伦
1883—1931，黎巴嫩裔美国诗人、画家

推荐的纪录片：
《麦库林》

最喜欢的艺术作品：
《静物与吉他》
胡安·格里斯
1887—1927，西班牙画家、雕塑家

最喜欢的古典乐：
《幻想圆舞曲》
米哈伊尔·格林卡
1804—1857，俄罗斯作曲家

哲学对您而言意味着什么？
提出“为什么”这个问题的所有可能的排列。

哲学为什么如此重要？
因为这是智力层面的正念。此外，思考我们的存在和知识对于人类整体而言是有益处的。

在当代社会中，我们面临的最大问题是什么？
对同情心的侵蚀。

您希望通过研究哲学获得什么？
学习。生命除此以外还剩了什么？

生命的意义是什么？
增加我们的知识，然后将其传递给未来那些足够幸运拥有生命的人，这是一种幸福和义务。

娜拉·阿伊德是加拿大电视台的新闻记者和作者。

生活哲学

亨肖

最喜欢的5本书：
1.《银河系漫游指南》
道格拉斯·亚当斯
2.《第二十二条军规》
约瑟夫·海勒
3.《小羊羔：耶稣童年伙伴眼中的耶稣生活》
克里斯托弗·穆尔
4.《笨蛋联盟》
约翰·肯尼迪·图尔
5.《好兆头》
特里·普拉切特
尼尔·盖曼

最喜欢的哲学家：
伏尔泰

最喜欢的名人名言：
怀疑并不使人愉快，但不加怀疑的确定更是荒谬。
——
伏尔泰
1694—1778，法国启蒙思想家、文学家、哲学家

推荐的纪录片：
《宇宙的构造》
布雷恩·格林

最喜欢的艺术作品：
《扩张》
佩奇·布拉德利
1974— ，美国雕塑家

最喜欢的古典乐：
《彼得·格莱姆斯》中的《四首大海间奏曲》
本杰明·布里顿
1913—1976，英国作曲家、指挥家、钢琴家

哲学对您而言意味着什么？
积极地质疑和探索每一个事物和每一个想法。

哲学为什么如此重要？
学会质疑我们的感官和他人呈现给我们的现实是至关重要的。哲学能教给我们这样的技能。

在当代社会中，我们面临的最大问题是什么？
无知和盲目的接受/服从。

您希望通过研究哲学获得什么？
帮助年轻人质疑假设，并拓宽他们的思维。

生命的意义是什么？
生命没有内在的意义。我们通过与其他人和周围环境的互动，创造叙事，共同构建意义。

格雷格·亨肖是北悉尼公立女子中学的副校长和哲学教师。

世界的尽头

安德烈·陶

“世界走到了尽头。”大学城的书商对着王室的皮货商说道，“是这个时代可恶的发明摧毁了一切——大炮、蛇纹石和射石炮，还有印刷机，这又是一个德国祸害！再也没有手稿了，再也没有书了！印刷业让书籍销售走到了尽头！世界末日就要来了！”

维克多·雨果所著的《巴黎圣母院》里的这位书商在哀叹着印刷业将会使书籍走向消亡，19世纪初期的读者们不会忘记这种哀叹有多么讽刺，因为他们正是在谷登堡魔鬼般的发明所印刷出来的产物——大量生产的小说读本——上面读到了这个故事。然而，这不仅仅是讽刺。在小说里，书商和皮货商也是于1482年1月6日聚集在巴黎圣母院法政大厅选举愚人教皇的庞大巴黎市民中的一员。在这个场景里，他们代表着守旧的卫兵——两个脾气暴躁、抱怨改变的人（皮货商曾哀叹过中世纪流行的天鹅绒取代了皮毛制品）。他们与附近吵吵嚷嚷的年轻学生形成了鲜明的对比。尽管书商的抱怨是一种自我麻醉，但是背后也暗含着真相。

在小说后面的部分，雨果写道：“面对谷登堡闪闪发光的印刷品，圣所里的人们感到恐惧、惊奇、眼花缭乱。”他们为什么这么恐惧？因为他们看到了“智慧削弱信仰，观点废黜信念”。印刷机带来的主要变化是知识的扩散。这些知识从前储存在手稿里，需要花费大量力气找人手写，只有富人和有权有势的人才能得到。现在，知识可以大量生产，大学城的书商和受过教育的牧师也逐渐失去了各自的垄断地位。这用雨果的话说：“印刷物将会杀死教会。”

书商对印刷业感到焦虑的背后，是人们强烈反感技术的传统。这种传统由来已久，却又脆弱不堪。有人认为，技术不仅改变了我们的处事方式，而且改变了我们的思维方式。像苏格拉底那样权威的思想家也认为，相较于说话，写作会导致思维停滞，因为我们不再利用自己的知识，而是开始依靠“外部的书面字符”来回忆信息。苏格拉底说写作“不是在帮助记忆，而是在重复回忆”，为读者提供的也“不是真理，只是貌似真理的东西；他们将听到许多事，却一无所获；他们看似无所不知，其实通常是一无所知；他们将会成为无聊的陪伴，在没有现实的地方才能显得明智”。

尽管在当代我们已经很少听到反对书面文字的声音，但是苏格拉底的疑虑与我们对互联网的看法不谋而合。记者兼作家的尼古拉斯・卡尔于2008年在一篇备受讨论的文章中写道，他担心互联网正在影响自己的专注能力，尤其是长时间深度阅读的能力。卡尔列举了自己过往的阅读方式所带来的困难。

他猜测说，这大概是因为超级链接和标签浏览的方式鼓励读者快速浏览大量文章，而不是深入阅读一篇文章。他提到了由伦敦大学学院进行的一项研究，该研究调查了两个广受欢迎的学术网站的访问者，根据他们的浏览习惯得出了以下结论:“用户不是将传统意义上的阅读转到线上进行。有迹象表明，随着用户在浏览器上横向地浏览着标题、内容页面和摘要，想要快速获得信息，新的阅读形式正在出现。”

这种担忧是苏格拉底式的：这种奇妙的新技术，就像写作本身一样，只会给我们带来知识的阴影——信息。或者，正如认知神经科学家玛丽安娜・沃尔夫所说，互联网的出现意味着人们注定会成为“信息解码者，因为他们既没有时间也没有动力去思考谷歌之外的宇宙”。这些担忧很容易被单纯地理解为勒德主义，因而被人抛诸脑后。人们觉得这不过又是老一代人面对自己不了解的变化所产生的抱怨，担心自己会像书商一样被迫失业。但是，正如马歇尔・麦克卢汉所论证的那样，我们用于交流思想的媒介正在影响着我们思考的过程，并且是主动去影响的，而不是被动的。

像麦克卢汉一样相信“媒介即讯息”（认为人们理解讯息时会受到其传播方式的影响）的人会反复说一个口号，那就是经常被宣布的“小说的死亡”。根据某些说法，小说自20世

纪初以来就在逐渐消亡，那些相信小说“大限将至”的人更是认为互联网的出现加速了小说的消亡。威尔·塞尔夫也是一位著名的小说终结预言者。他认为，如果我们接受20年后几乎所有的阅读文本都存储在联网的数字设备上，那么也必须认识到那时候我们自愿断开网络的可能性极低。

问题是，当我们获得了所有的即时信息和满足感后，将会失去什么？对于塞尔夫而言，小说甚至长篇散文有一种独特的交流方式：“词语在依照一定的顺序排列时会产生某种能力：既可以模仿人类思想无拘无束地流动，又可以研究思想主体的物理表达和相互作用；它们可以被塑造成令人信服的模拟世界，无论那个世界与我们所处的世界是否类似，还是全凭创造。”

在这一点上，塞尔夫追随了麦克卢汉和尼尔·波兹曼的脚步。后者也是一位媒介理论家，他的作品可以概括为一句精妙的格言——“形式排除内容”。波兹曼认为，一种特定的媒介只能包含一定水平的思想。波兹曼主要在20世纪80年代和90年代进行写作，尤其关注电视文化的兴起。他认为，电视是最适合娱乐的形式，它依赖于表面图像，将内容打包为观者容易消化的30分钟或60分钟的片段，因此需要某种程度上的过度简化。

同时，思辨散文也必不可少。它能够承载富有理性和逻辑的思想，还能够在大众传播中保护思想的复杂度不至流失。在当今这个时代，其他的媒介形式（无论是电视还是互联网）令书面形式无处容身。“形式排除内容”的结论是一种合理的担忧，担忧我们复杂、理性的思维能力将会相应地减弱。

面对这些文明终结的预兆，我们需要三思，而非过度留心，以免变成雨果笔下那可笑的书商。从雨果的观点来看，他并不否认我们沟通方式的巨大转变将会导致混乱，但与此同时，他也对这些转变保持着谨慎的乐观态度。他希望印刷机带来的好处可以抵消它带来的坏处，这种想法也适用于互联网：“这是一种不断增长、不断堆积的螺旋上升结构，这里还有混淆的语言、无休无止的活动、不知疲惫的劳动，以及全人类的热切竞争、承诺给情报的避难所。这里是野蛮人泛滥时从天而降的一场新的大洪水。这是人类的第二座巴别塔。”

伦理困境（少儿版）

与孩子的问答对话

马修·彼尔德

问：您是如何学习做父母的？

答：在某些方面，当你有了孩子，自然就学会了做父母！你可以通过阅读书籍去了解如何更换尿布、哄婴儿睡觉、选择合适的学校，但是有时候亲身经历更为重要。

想想你第一次学会某种体育运动或者乐器的时候：你看到别人在玩，也许会有人帮助你上手，但是除非你自己亲身尝试，经历了练习和犯错，否则你永远学不会，对吗？养育孩子跟学习其他东西在某些方面是一样的道理。不过，要想做父母，还是有一些我们可以学习的事情。我们的父母会教我们如何成为一个好人，所以我们可以尽可能多地学习如何成为好人，以此为成为父母做准备。我们也可以观察那些表现很好的父母，并且试着模仿他们。如果你觉得自己的妈妈、爸爸、奶奶或叔叔在养育你的时候做得很好，那么当你第一次做父母的时候，可能会想“奶奶会怎么解决这个问题呢”。

问：为什么有些人喜欢取笑别人？

答：如果你去问那些欺凌者，他们可能没办法回答你——因为他们大概从未仔细想过这个问题。不过，我们大部分人可能都说过一些带有恶意的话，或是取笑过一个不应该被取笑的人。我们取笑别人的原因有很多，一个普遍的原因是想让他们改变自己的行为。社会教导人们对与错的方法之一，就是让言行不当的人感觉到羞耻或者尴尬。当感觉到自己在被人取笑的时候，我们很快就会发现当时的行为可能是错误的，我们以后就会试着不再重复这样的行为。

令人遗憾的是，很多时候人们是为了给别人一个不必要的教训而让别人感觉尴尬。有的时候，人们没有做错任何事情，仍然会遭到取笑，只是因为他们与众不同。这种情况下的取笑不是教育，而是欺凌。我们没有理由去欺凌他人，这种行为也是错误的。因此，即便令人尴尬能够帮助他们改变行为，我们也应该非常谨慎地使用，选择恰当的时机。也许，我们根本不应该用这样的方式去改变别人。N

伦理困境（成人版）

马修·彼尔德

问：我在现实中怎么也找不到合适的伴侣，我应该在网上寻找爱情吗？

答：越来越多的人依靠各种网络服务和应用程序来寻找爱情。皮尤研究中心表示，目前25岁至34岁的年轻人中，有20％正在线上约会。那么，网上寻找爱情值得一试吗？这实际上取决于您对现实世界中的约会是否有什么不喜欢的地方。只有知道线下约会不合适的地方，以及线上约会有什么优势，您才能决定线上约会是否适合您。

线上约会为人们提供了一系列好处。如果您生活在一个局限的社交环境中，或是刚搬到一个新的社区，抑或只是不太花时间在单身人士常去的地方出没，那么线上约会对您来说可能是一种很好的方式。这也消除了线下约会的不确定性。在酒吧或书店，您可能和某个人聊了20分钟，还是完全不确定他是否想要恋爱，是否对您感兴趣。相比之下，在交友网站上，您知道人们愿意互相接触，这使交往变得更加容易。

然而，很多人没有恋爱并非是因为上述原因。此外，线上约会还有可能让事情变得更糟。

线上约会的媒介是有限制的，它迫使您以特定的方式与他人互动。具体点说，它迫使您隔着安全距离与他人互动。法国哲学家阿兰·巴迪欧把这种情况描述为“无风险”交往，即您必须事先确定理想伴侣的特征，并且做出相应的选择。如果您知道自己要寻找什么样的人，那样可能会有很好的体验，但是，爱情通常具有让我们出乎意料的独特能力。

因此，如果您是那种对潜在的伴侣非常挑剔和审慎的人，那么线上约会有可能会加剧这种情况。也许，您需要的是另外一种互动方式，让您能够完全放开自己，接受对方展现出来的个性和差异，而这是线上约会中尤其不容易表现出来的部分。

请您记住：线上约会是一项服务。就像其他服务一样，它只能满足数量有限的需求。考虑一下您期待的爱情生活，以及线上约会能够提供的服务，但也要注意媒介的作用——在我们与他人的关系中，不要过分地限制条件。N

马修·彼尔德是伦理学中心的道德哲学家和常驻伦理学家。他在澳大利亚圣母大学获得了哲学博士学位。

网中之物

杰莎·甘布尔

每一项伟大的文化成果，无论是科学突破还是文学杰作，都是由拥有专注能力的人完成的。但问题是，我们如今正生活在一个很容易受到干扰的“有线世界”中。美国的一位青少年每天大约会收发100条消息；令成年人分心的事情也不少，如办公室的上班族每个小时都会看三四十次收件箱。眼球的每次移动和收件的提示音都代表着注意力的中断。

从某种层面上说，我们喜欢这种骚扰。因为只要是新信息，无论是重要的还是琐碎的，本质上都会刺激我们喜欢新鲜体验的大脑。然而，这种影响累积起来更加令人担忧。科技作者尼古拉斯·卡尔认为，互联网正在破坏我们深入思考的能力，甚至在减弱我们个体性格的独特性。

智能技术是我们用来满足思想的工具，但它也会塑造思想。我们以地图为例：传统的寻路是一种涉及多种感官的活动，如利用太阳、星星和陆地的特征进行导航。地图被发明之后，它扩大了我们的熟悉范围，但也为现代的大脑带来了抽象的描述。这些抽象的描述不仅覆盖了我们的物理空间，也改变了我们的思维习惯。同理，机械时钟破坏了人们对时间的直观体验，秒针、分针和时针永无休止的滴答声以全新的方式强调着精确测量和科学思维的重要性。

也许，面对互联网时代造成的注意力分散，最佳的对策应该是某种能够帮助我们用相反的方式思考的技术——书籍。早在谷登堡的印刷技术出现之前，另一种与书籍有关的创新——文字——就已经永远改变了人们的阅读方式。页面上的字母就像一股源源不断的流水，模仿着说话时连续的声音。它们被空格隔开，以单词的形式聚集在一起。从前，阅读一直是一种社交活动，大声地读出每个音素并解读其含义，而文字的空间则让读者得以静默地浏览文本。

阅读，成为一种孤独的追求。不动声色地吸收内容，令读者和作者之间形成了深切的同理心。随着读者的注意力逐渐集中，作者可以反过来依靠这种注意力，冒着风险写下更加复杂的想法。书籍可以保护大脑免受干扰，读者的思维可以依靠文本的框架单向集中更长时间。在这个过程中，读者获得了深度专注的能力。这种能力在思想史上一向罕见。

卡尔认为，过度专注不是我们的自然状态。从进化的角度看，当捕食者潜伏在附近的时候，一个物种可以连续几个小时过滤掉环境提供的线索，这并不符合自然法则。然而，书籍可以培养这样的专注能力，但这个论点的复杂性随之而来，并延伸到科学、政治结构等领域。

摄影 | 盖丹·李

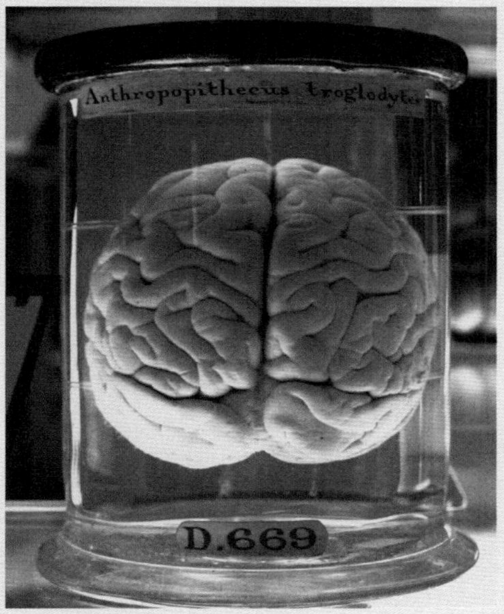

如果说书籍的本质是沉思和共情，那互联网的本质则恰恰相反。超链接把相关信息的片段整合成为强大的研究工具，同时也削弱了我们吸收这些信息的能力。在一些关于在线阅读的研究里，实验者让实验对象阅读了含有不同数量超链接的段落，结果表明，即使实验对象没有点击任何超链接，但段落里的超链接越丰富，实验对象对文章的理解程度就越低下。每个高亮的超链接都为工作记忆带来了负担。读者每次面对超链接都必须决定是否要盲目地点进另一个可能会与主题更加无关的网页。

问题在于，周期性的中断会削弱全面的概念性思维，因为这会阻碍大脑将短期记忆中的信息编织到组成长期记忆的丰富联想网络中。最后的结果是什么也留不住。潜在的有趣知识会呆滞地穿过我们的浅加工层，不会引发任何深度的思考，大脑也没有时间将这些内容与我们独特的过往经历联系在一起。而只有那些经历才能让我们的思维具有独一无二的原创性。没有持续的专注，我们就无法满足自己的特性，而特性会在与世隔绝中逐渐消失。

大脑是一个适应能力非常强大的器官，渴望取悦它所处的世界。我们的技能会因为练习而变得更加简单，也会因为忽略而变得更加困难。有人认为，批判性思维、深度沉思和自我内省的精神训练是更为有趣的思维方式，而这些可能都需要经过多年的培养。深度思考一直是人类不可多得的能力，哪怕是天资聪颖的人，面对隔几分钟一次的打断，也很难再次进入状态。

不过，以卡尔的经验来看，网络成瘾的大脑仍然有拯救的希望。因为发现自己无法集中精神阅读超过几页的文章，他搬到了科罗拉多山区，搬进了一座互联网连接不甚稳定的房子。

他写道：“数月以来，我的神经元突触都在为修复网络而号叫。”寂静中逐渐出现了一种令人熟悉的兴奋，“废弃的大脑电路正在重启”。卡尔发现自己能够连续数小时写作，并且能够连续地阅读密集的学术论文。在山间新鲜的空气里，卡尔感到“我的大脑终于可以再次‘呼吸’”。N

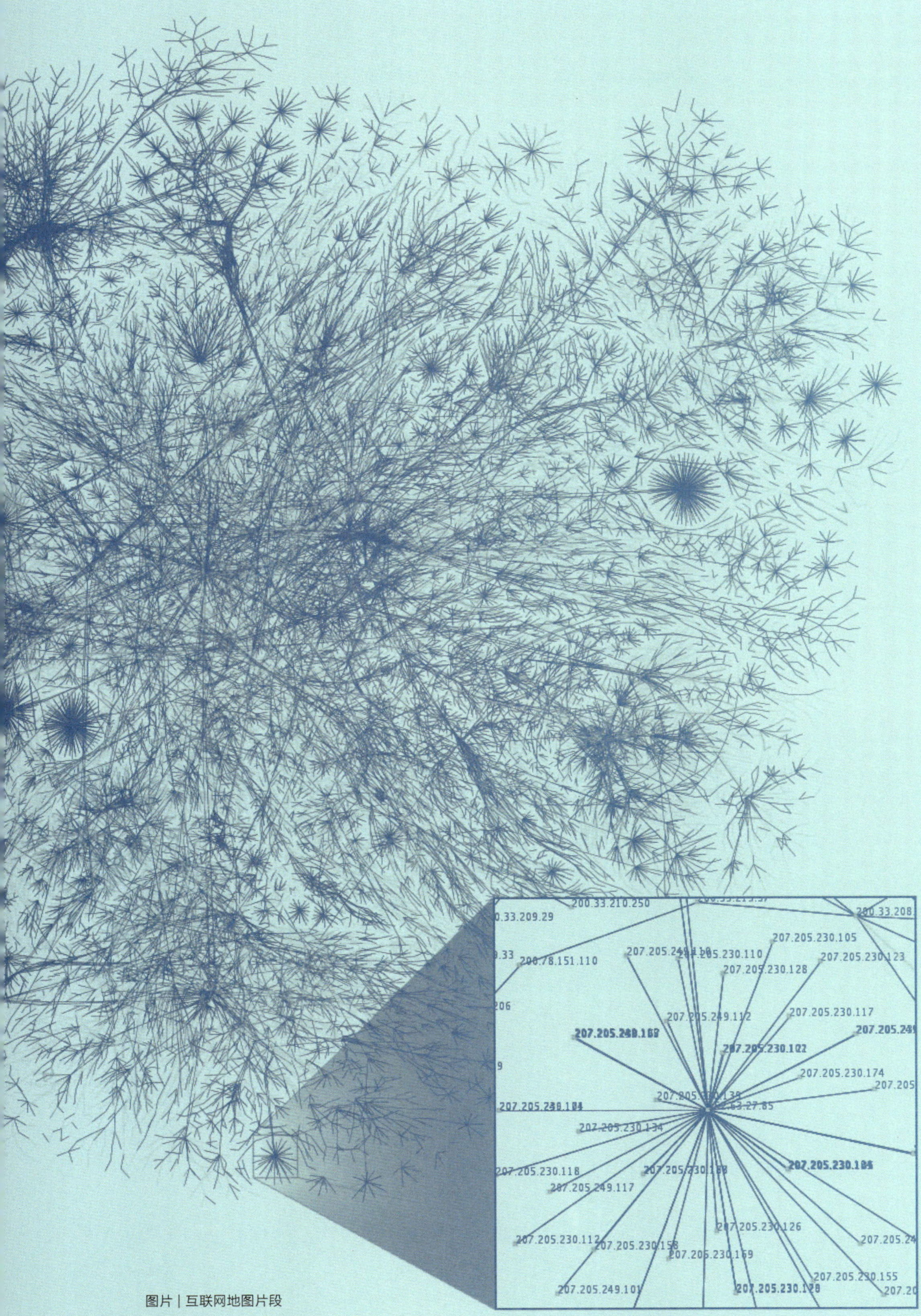
200.33.210.250
207.205.230.105
200.78.151.110
207.205.230.110
207.205.230.123
207.205.230.128
207.205.249.112
207.205.230.117
207.205.230.174
207.205.230.134
207.205.230.118
207.205.249.117
207.205.230.126
207.205.230.112
207.205.230.158
207.205.230.159
207.205.230.155
207.205.249.101

图片 | 互联网地图片段

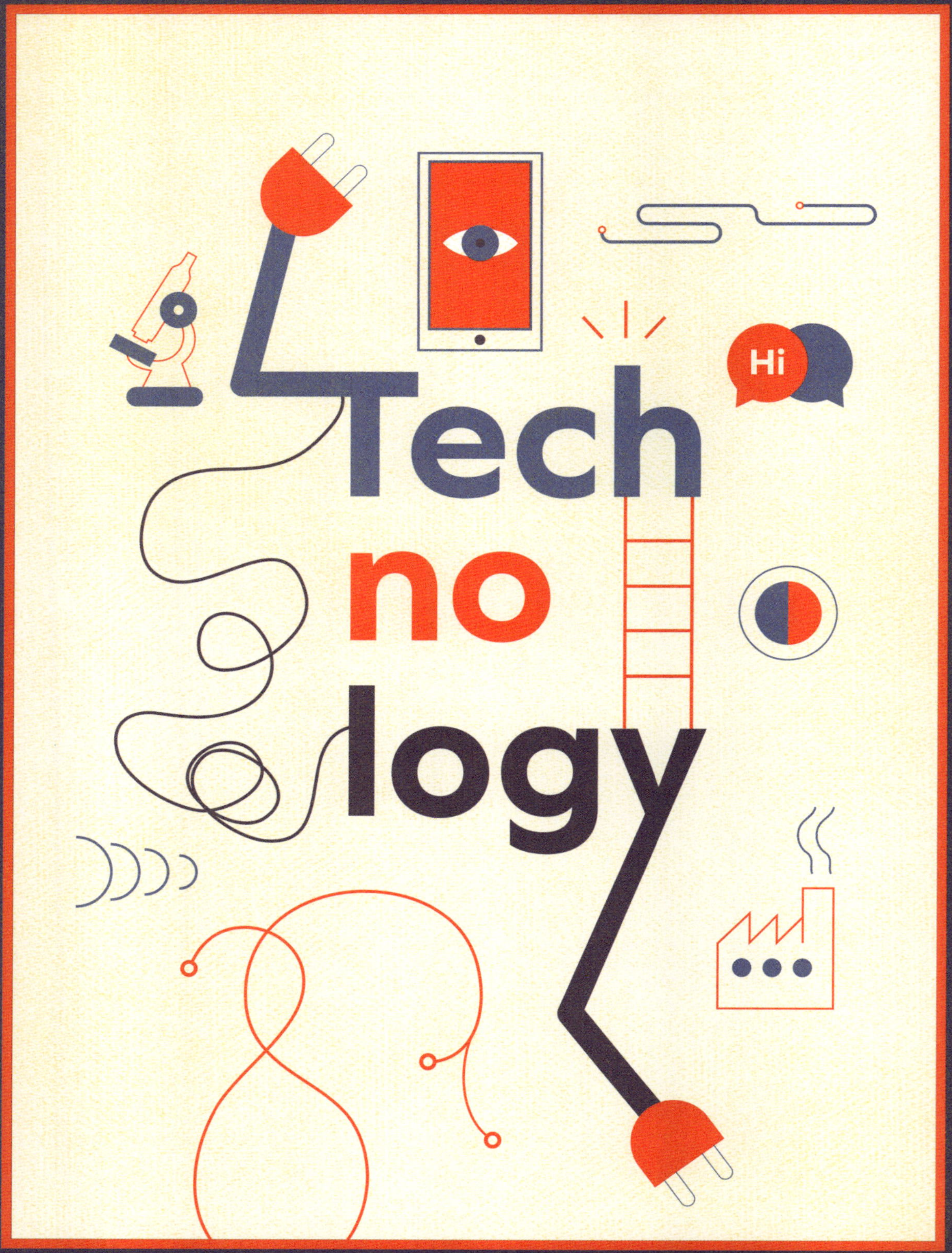
Hi
Tech
no
logy

技术的定义

Technology /tɛkˈnɒlədʒi/

名词:

1. 科学知识在实践目的（尤其是工业界）上的应用；
2. 由科学知识发展而来的机械和设备；
3.涉及工程学或应用科学的知识分支。

起源:

17世纪初：源自希腊语tekhnologia（系统治疗），tekhne（艺术，手工艺）+ -logia（表示研究或有兴趣的学科）。

来源：《牛津英语词典》

在信息领域里潜水

采访者｜赞·博格
受访者｜卢西亚诺·弗洛里迪

卢西亚诺·弗洛里迪是牛津大学的哲学教授和信息伦理学教授，牛津大学互联网研究院的研究主管、上广实践伦理学中心的杰出研究员。在牛津大学以外，他是华盛顿特区美利坚大学经济系驻地杰出学者。他的最新著作是《第四次革命：信息领域如何重塑人类现实》。

各种形式的技术成为人类生活的一部分已经有一段时间了。但是，海德格尔这样的哲学家论证得出，近来，技术本身的性质已经发生了深刻的变化。那现在的技术与从前的技术有何本质上的不同?

不同的是，现在的技术不再只是通过其他方式与世界互动。从前，轮子用来代替人力推东西，引擎用来代替马匹，而我们现在有了新的环境——数字环境。在这个环境中，我们花费了越来越多的时间，而技术媒介会成为最大的受益者，因为我们所拥有的技术，其目的就在于让人们在数字环境中成功地进行交互。

想象一下水池或湖里的鱼。我们现在就像在信息领域中潜水，而我们拥有的技术媒介就是鱼，它们生活的环境就是自己原本的环境。数字与数字交互——软件、数据库、大数据、算法，你还可以说出很多——它们生于数字世界，它们是“本地人”，我们却是被迫进入潜水的环境里。你完全无法想象，人工智能体和与自己构造相同的事物进行交互是什么样子。对于完全类人的生物实体来说，算法对数据所做的处理是难以构想的。

首先，它们正在建立一个新的环境，而我们是这个新环境中的客人。其次，突然之间，它们正在改变我们对世界的理解，包括我们对现实进行概念化的方式，我们对自己进行概念化的方式，我们与世界互动的方式，以及我们与其他人互动的方式。这4种方式发生了改变，自然也代表着我们对技术的哲学理解也发生了巨大的转变。从我的角度来看，我们正在进入哲学史的新篇章……在所有改变之中，为什么数字技术与引擎、冰箱或者轮子相比，产生了如此不同的作用？我想，这是因为数字技术建立在现实环境的基础上，并且转变了我们自身与环境之间的所有互动，以及我们对自身和现实环境进行概念化的方式。这些是所有看待世界的方式的基础，由此逐步发展为新的哲学。

我并不是很热衷于将信息哲学描述成唯一的哲学。如果你对哲学的历史了解得足够多，那么你就会知道，将来有一天还会有其他哲学。但是今天，这是我们这个时代的哲学，为我们所独有。而且，我们还有一些紧迫的问题亟待理解和解决。

您所称为“第四次革命”的转变，最重要的积极影响和消极影响是什么？

积极影响是，我们会产生一种解放自我和力量增强的感觉。至少在20世纪90年代的互联网蜜月期，我们非常享受它的出现。你可以成为其他人，可以用从未想过的方式与他人互动，可以花费更少的精力做更多的事情。实际上，这对环境有很多好处。我的意思是，这是一场赌博。我们所做的一切当然会消耗能量，但是因为有了互联网和物联网等，我们可以利用这些资源做得更好、做得更多。

所以，我们有可能做得更好，但是我们是否去做又是另一回事……

没错。有可能做得更好。你想想我们自我娱乐的方式、我们的教育成果、我们的政治发展、我们对冲突的理解，这些都是正面的故事。无论你挑选过去10年中的哪次巨变、哪次精彩的交流，都可以讲出很好的故事。但是，当然，蜜月期大致快要结束了。我们长大了一点，而这种成长逐渐揭示了这一切的局限性。有的事情我们本来可以做到，或是不做，或是用另外的方式去做。

还是回到具体的例子中。如今，技术经常两极分化。它们发生了转变。搜索引擎并没有使我们变得愚蠢，但确实使我们的社会分化得更加严重了——愚蠢的人变得更加愚蠢，而聪明的人变得更加聪明。就像有钱人变得更加有钱，而穷苦人变得更加穷苦一样。这种两极分化是技术发展的部分结果。

这种可悲的结果，我们本来可以避免，我们也仍然可以纠正，但是，我们现在做得还不够多。这大概是我觉得最困难的问题之一。另一个问题则是互联网的转变。互联网逐渐成为控制、监控、刺探、监视的工具。这真的让人很难过。除此之外，互联网还有一个转变——那些出色的技术开始大规模地分散人们的注意力。我们主要利用互联网来玩游戏，在社交媒体上推送猫咪照片，或是与他人闲聊。老实说，我们应该感到羞耻。因为我们拥有这么多炫酷的技术，而以上就是我们所做的一切。

很少有人的生活没有受到数字技术的影响，不仅仅是因为注意力的分散和过多的娱乐消遣，也是因为信息量的过度膨胀。您写道，互联网每天都会“创造大量的数据，足以填满美国所有图书馆的8倍大小”，我们正处于“ZB时代”。这种猛烈的信息冲击对普通人有什么影响？

它让我们所处的环境变成了一个生存技能至上的环境。你会被海量的数据、各式各样的信息淹没，这些东西源源不断地抢夺你的注意力。这就是技术，因为它们想要占据你的时间和注意力。那些分散注意力的事物永远存在，所以我们开始明白，只有能够在这种诱惑下生存的人才可以前进。大多数人都抵抗不了诱惑，会花费3个小时在社交媒体上，然后某天突然醒悟过来，说：“等等，什么？已经周日下午了！上午去哪了？”所以，我知道有很多人很重视这个问题——“天哪，有这么多事情、这么多信息、这么多噪音，太混乱了。”这是一个问题，但不是主要的问题。这是一种关于信息海啸的典型研究导向的认识论观点：这些数据大多与科学和知识无关，而是充满琐碎的信息，是人们放在网上的数万亿张照片，或者是他们上次看乐队演出的视频。

但是，如果暂时忘掉认识论的角度，从社会的角度想想这件事：那里的每个事物都在呼唤你的关注，仿佛是一个哭泣的婴儿，而你面对着数万亿个哭泣的婴儿。这至少是令人心烦意乱的。我是否要细看朋友发给我的那个最后的视频？还是看他们假期出游的照片？或者是我妈妈和朋友聊天时发的朋友圈？这种分心与科学和知识几乎无关，而是大量的社会信息在分散我们的注意力。在我看来，这才是我们面临的根本问题。除非你能够抵抗它，但是很少有人做到。

这就像食物一样。因为我们身边的食物太多，所以我们很难做到健康饮食。其实，并不是因为想要成为运动员，或是想要变得超级苗条，你只是明白，如果一直吃那些垃圾食品，自己可能会死得更早。这和无处不在的信息是一样的，每一条信息都在呼唤我们的注意，每一块巧克力都在呼唤：“吃我，吃我，吃我。”大部分食物是垃圾食品，即使不是垃圾食品，也太过量了。即使是能力范围内最好的食物，吃多了也会很难受。所以，我不觉得问题完全是由过量的垃圾数据造成的。我们需要意识到的事情是，有大量的有用信息存在于世，但是我们必须学会放弃。这是人类历史上，我们第一次不得不放弃。

如果你把所有的事情放在一起，画成点状图来看会发现，信息量大得令人分心、注意力被不断转移、社会喜欢利用互联网进行控制和监视等，这些都是相互作用的。

随着虚拟身份的产生、虚拟人物的使用，虚拟的自己与他人之间以屏幕作为“安全”屏障，人们在网上的行为与面对面的行为也会有所不同。整体来说，这种发展对人与人之间的关系和互动有什么影响？这种转变给我们带来了哪些问题，以及有什么好处？

我觉得有一些好处。回到互联网的好处和坏处这个话题上。好处是我们拥有了重新构建自己身份的机会，这种机会真的是无价的。你可以想象一下自己住在我现在生活的这种500个人的小村子里，那会有多么局限。你会很难脱离大家所认为的那个你，很难表现出任何不同的样子。这就是故事的结局。他们认识你，他们对你有了固定的印象，那就是你，无法轻易改变。而在网上，我们的机会更多一些。

当然，有些技能我们还需要学习，有些机会我们还没有充分利用，但是，至少网络空间的可塑性更强。所以，在某种意义上，回到互联网中，我们对自己的身份可以有更多的掌控，这也包括我们想要认识的人。我的意思是，如果你想加入新西兰或者加拿大某个乐队的粉丝团体，也完全可以做到。我还能回想起那种挫败感：在一个荒凉偏僻的小地方，意识到“除了我，大概不会有人对这个东西感兴趣了”。所以，互联网的可塑性是一个好处。

互联网也会提供更多的空间。如果你将空间看作现实中的物理空间，人与人之间距离太近，就会摩肩接踵、拥挤触碰。然而，有了网络世界，你想要多少空间就有多少空间。

不过，如果没有那种身体上的互动，会不会缺少了一些东西？比如，我们会不会因为网络的互动而失去与他人并肩相伴的脆弱感？

我们正在失去互动的部分感受。因为我们在网上与人互动——比如使用社交媒体——不会有身体上的体验。这种互动不是我能否看到你的脸，看到你是否在笑，看到你是否在移动双手。这种网上互动的环境剥夺了人与人之间的感官感受。正因如此，我们需要很多其他的线索，而这些线索我们还没有适应……是的，我们正在失去与他人并肩相伴的感觉、与他人同处一室的感觉。但是，我们也许会在这种网络环境中找到一些决定性的线索，体验到一些新的存在感。我不想说得太详细，不过表情符号就是其中之一。人们需要比几行字或一张照片更多的存在感。

我想继续聊聊记忆。在本期中，您在哈特福德郡大学的前同事、哲学家帕特里克·斯托克斯曾写道，随着我们将越来越多的记忆外包给手机和电脑，在其中存储和分享每一个时刻，我们慢慢“遗忘了如何遗忘”；就像克尔凯郭尔所说的那样，“我们在仍然可以体验的时候，就开始忙着回忆这段经历”，您认为这种现象是否值得担忧？还是说，我们只是找到了新的沟通和记录的方式，以及一种不同的存在形式？

这个提问涉及了几个至关重要的问题，里面有很多东西具有绝对核心的哲学价值。第一个问题是对于信息通信技术、数字技术的误解。我们暂且称它们为记忆的技术。实际上，它

The

Technological Revolution

们是在抹去我们的记忆。它们所做的事情，就是不断地把记忆呈现为过度扩展的、永恒的现在。典型的例子就是搜索引擎。从前，你的部分记忆会沉淀成块，你不会再想起它们，却真正拥有它们。这是我最近提出的一种关于“结束”的定义。结束不是遗忘，是记住而不是回忆。你不会希望忘记发生过的事情。相反，历史是需要被记住的。但是，你也不会希望那段记忆一直被唤起，否则你永远无法前进。比如，两个朋友吵架了，或者你和你的配偶有些矛盾，我们需要让这些事情翻篇，但这不是清理或删除记忆……

从本质上来说，这些技术就是在不断地把我们所拥有的一切反反复复地推送到我们面前。

因此，记住、遗忘、回忆、结束，这些我们发展了数千年的娴熟艺术，都被现代技术彻底地打乱了。想想个人的身份，有多少记忆是真正属于你和我本人的。有一个经典的思维实验：如果明天早上我醒来的时候，没有任何记忆，我不知道怎么打壁球，不知道怎么说英语，甚至不知道自己的名字。一无所知，一片空白。那我还是我吗？我们可以花费无尽的时间来讨论这个问题，但是有一个大家公认的说法，那就是你已经失去了自己。

让我们把这些拼凑在一起。在某种意义上，我们就是我们的记忆。我们随后开发出管理记忆的技术。这些技术管理的其实是个人身份。所以，这就补充了我们20分钟前进行的一系列

*上方英文意为第四次技术革命。

对话——为什么比起汽车引擎，这些技术对我们的生活会有这么大的影响。毕竟，汽车引擎并不能改变我，我并不依赖于它来管理我的个人身份。也确实有人会与自己的汽车产生共鸣，但那样多少有点可怜吧？这些技术是为了管理、转化和处理你的记忆，因此，这些技术也会管理你的个人身份。你得小心管理这部分记忆。你已经掌控了信息，也就是掌控了个人身份。

是否因为如今对技术的依赖，导致我们失去了一些最重要的东西？我们拨弄着手中技术设备的表盘时，是否也错过了生活本身？

从我说过的话和写过的作品中，你可能已经猜到了，我倾向于以波莉安娜式的乐观主义来看待问题。我们缺少的是一个机会。线上、线下的力量相互作用，彼此可以成为更好、更丰富的体验。技术可以为我们的生活增加新的元素、新的方面，技术其实也可以将对方拖垮，约束和限制我们的生活。我认为在某种程度上，这是一种两极分化。对于大多数人而言，生活会因为技术而萎缩。在我的印象里，许多人在数字和模拟的世界中——线上和线下——就像一颗超新星，逐渐坍塌成一个越来越狭小、越来越单调的经验世界。但是，对于其他一些人来说——也许是少数人，我也不确定——他们的世界其实是在扩张。你可以做更多事情，你可以以各种不同的方式享受生活，这在某种程度上取决于个人，也取决于我们所在的社会和受过的教育。

你想拥有的世界里应该有线上和线下两种选择，它们相互合作，让事情变得更好。这是一个走向成熟的信息社会。在那里，我们没有一味地追逐着新的应用程序或者新的创业公司，而是在思考我们想要建造的人类工程。这是我目前觉得非常失望的地方——没有关于这方面的讨论，至少不多。

这让我想到您在另一次采访中提出的一个观点，您说过，“我们确确实实正处于令这个星球无法居住的边缘，也许是时候改变了”，这种改变应该采取什么形式？我们需要做什么？

我们都知道这是一个大问题。

如果有人觉得我们现在有比对彼此的排斥和对环境的破坏更为紧迫的问题，那他们应该去办公室外面多看看。从本质上说，我们面临的挑战是我们对环境的破坏程度和我们对彼此的破坏程度。我认为这是同一个问题的两个方面——都是破坏行为。破坏行为，在有的情况下被称为“恐怖主义”，在有的情况下被称为“环境破坏”。无论是哪种，目的都是毁灭。对于这种破坏行为，我们还有机会去扭转，但是时间非常紧迫。同时，技术确实可以在这方面向我们提供很大的帮助。从基础上来说，技术可以向我们提供更加智能的生活方式，帮助我们在这个星球上生活。我知道这听起来有点“乌托邦”。但是，如果你仔细想想，就会明白技术不仅可以减少我们的消耗，而且可以让我们更加智能地使用我们所消耗的东西。简单来说，就是少花费多办事。在这些方面，技术都可以发挥基础作用。麻烦的事情是我们没有足够的时间，所以即使考虑到面对的是破坏者和恐怖分子，我们使用技术的方式也是错误的。我们使用技术来监视和检查人们。但是，实际上，我们可以通过技术来互相交流。

这是唯一的出路。我们迟早会坐到那张交流的桌子前面，问题是要付出多大的痛苦才能实现这个目标。如果是100年，那就等于我们对彼此强加了100年的痛苦。轰炸这个，轰炸那个，毫无意义，因为我们最终还是要坐到那张桌子前面。北爱尔兰、以色列和巴勒斯坦，任何地方都是一样。在我看来，技术可以在这些方面发挥很好的作用。但是，目前，它并没有发挥这些作用。我们错过了很多机会，所以我对我们现在所做的事的前景并不十分乐观。不过，就我们可以做到的事情而言，这么说吧，机会就在那里。这些技术是“绿色”的，因为它们是反破坏的。它们可以帮助环境，也可以帮助社会。我发现这些配方中缺少的都是政治意愿。

变化将从何而来？谁会来带动这种变化？

如果我们是在几个月前进行这样的对话，我会说：“我们需要了解政治对社会的影响，这样才能抵御那两种破坏行为，才能向一个更好的世界迈进。”今天，我改变了我的想法。我现在认为，政治只会是载体、工具，我们需要改变的是我们的道德观。最近，我在布鲁塞尔开完欧洲会议之后，有人问了我一个直接的问题：“只需告诉我一句话，我们应该怎么做。”在压力之下，我说道：“先苦后甜。”我们作为一个社会，只要继续买那件价格便宜的T恤，或是那块价格便宜的鸡肉——是的，这对我的钱包有好处——环境就会因此而崩溃。

问题是，这种“苦”应该如何开始？一定要由上而下吗？

这就是我为什么对我们要做的事情并不乐观。如果你看看人类历史就会发现，灾难发生之后，世界会有巨大的变化。两枚核武器爆炸之后，我们才决定要对核武器进行管制，还有冷战等事件也是一样的道理。所以，如果历史告诉了我们什么教训，那就是我们需要经历一场灾难，然后才会醒悟过来说：“你知道吗？我们需要改变方向。”我们此时此刻所做的事情是在争取时间。从环境保护到恐怖主义，无论是社会问题还是环境问题，我们都在争取时间。这就是我有点悲观的地方，我们没有时间了。与过去相反，与过去的危机相反——虽然核危机已经非常接近于我们没有时间的情况了——特别是在环境方面，如果我们现在做什么都留下一团乱局，就会有一个“不归点”。

理论上，在一个理想的世界里，变化必须是自下而上的。它必须是自下而上的。我不认为政府里的少数开明人士会带来这种变化。它必须是整个世界、全体人民一起说：“够了，够了，我们必须改变。”这意味着更好的资源分配、更高的税收，因为我们所支付的价格比不上我们所消耗的成本。如果不是因为某些人、某些地方正在经受痛苦，那件T恤不可能那么便宜。N

T

技术进步，只不过为我们提供了更有效率的倒退手段。

奥尔德斯·赫胥黎

科技…… 是一个奇怪的东西。它一方面给你带来了丰厚的礼物，另一方面又在你背后捅了一刀。

查尔斯·珀西·斯诺

E

我们生活在一个极度依赖科学、技术的社会里，然而几乎没有人对科学、技术有所了解。

卡尔·萨根

很难说迄今为止的所有机械发明是否真的减轻了人类每日的辛劳。

约翰·斯图亚特·穆勒

人类已经背弃了沉默。人类日复一日地发明机器和设备，增加了噪声，使人类无法专注于沉思、冥想生命的本质。

让·阿尔普

未来的工厂只会有两名员工——一个人和一条狗。人在那里是为了喂狗，而狗在那里则是为了防止人接触设备。

沃伦·加马利亚·本尼斯

C

凡是关注重大科技的人，无论是推动还是阻碍它的发展，都是在拿人类的生命做赌注。

弗里曼·戴森

即使是最好的机器，你也无法赋予它主动性，就像最欢快的蒸汽压路机也不会去种花。

沃尔特·李普曼

H

是什么让人类这种动物堕落成机器?

威廉·赖希

机器并没有将人类与自然界的重大问题隔离开来，而是令其更深陷其中。

安托万·德·圣-埃克苏佩里

N

O

在证明无罪之前，所有的技术都应该被看作是有罪的。

杰里·曼德

从本质上而言，技术就是人类无法控制的东西。

马丁·海德格尔

技术假定处理事情时只有一种正确的方法，然而从来都不是这样。

罗伯特·梅纳德·波西格

高效的技术机器与人性和人格的绽放之间无疑是存在矛盾的。

阿瑟·米勒

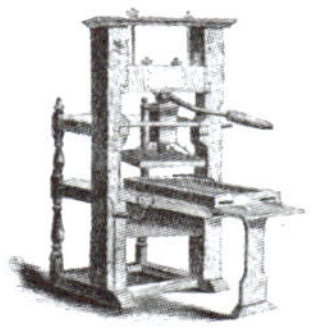

O

G

在他们的事业开始时，发明家和天才几乎总是被当作傻瓜一样。在他们的事业结束时，也经常如此。

费奥多尔·陀思妥耶夫斯基

如果只有技术的进步，没有社会的进步，那么人类的痛苦和贫困几乎是在自动增加。

迈克尔·哈灵顿

通过电流，物质世界变成了一根巨大的神经，在令人窒息的时间点上振动了数千英里——这是现实，还是我在做梦？

纳撒尼尔·霍桑

L

为什么能够减少工作、方便生活的美好应用科学带给我们的幸福感如此稀少？答案很简单，因为我们还没有学会合理地利用它。

阿尔伯特·爱因斯坦

我们现在为技术所困，然而我们真正想要的不过是可以工作的东西。

道格拉斯·亚当斯

我们的发明习惯于成为漂亮的玩具，分散我们对严肃事物的注意力。它们不过是更好的手段，却没有达到更好的目的。

亨利·戴维·梭罗

Y

阿米什的艺术

汤姆·查特菲尔德

科幻作家尼尔·斯蒂芬森在他的最新小说《七夏娃》中，创造了一个耐人寻味的名词——阿米什选择。

阿米什选择描述的是“不同文化面对技术所做的不同选择，以决定哪些技术会成为他们生活的一部分”。斯蒂芬森小说中的例子源于阿米什派（拒绝使用电力等现代科技的宗教分支）选择性使用技术的原则。不过，也许和你的预料不同，《七夏娃》中描述的技术并不是武器或者人工智能。相反，作者为想象中的未来选择了一种越来越泛滥的当代技术作为排斥对象——高频社交媒体工具。

人们为什么会排斥这种技术呢？因为社交媒体能够通过情绪化的吸引、注意力的分散和短期的诱惑“轰炸”人类的大脑，从而“让高级的感官功能更好地发挥作用”。在《七夏娃》所设想的未来里，这些心理上的催促和刺激已经在一个因为可怕的事件而千疮百孔的社会中引发了一场近乎终结人类的危机，随后，“现代消费产品制造商为生产那种令大脑紊乱的设备和应用（比如高频社交媒体工具）所做的任何努力，都会遭到……本能的反击”。

所以，阿米什选择是一门迟到的艺术，是“再也不要了”的呐喊和苦涩经验的成果。它也是一种巧妙的挑衅，是引发一系列令人不安的问题的原因。有选择地使用技术意味着什么？如果真的有所选择，整个人类社会能在多大程度上决定自己要使用哪些技术，而不是让技术决定人类的历史？

阿米什派的技术实践首先针对的是两种恶习：虚荣心和对物质财富的追求。

阿米什派自身在允许使用什么样的技术上面也各不相同。阿米什派大约有40个不同的分支，他们都是有选择性地使用技术，而不是完全拒绝所有技术。选择技术的方式是根据他们（强烈的基督教）的价值观来评估某项新技术是否会改善自己的生活方式。电视机、家用电脑、私人汽车，以及主要的电力系统都是被禁止的；一些由电池供电的设备是允许使用的，家庭发电机和太阳能发电设备在部分居民社区也是允许使用的。他们对现代医学的应用是有选择性的。阿米什派的大多数分支团体允许成员租用车辆进行长途旅行和商务活动。此外，他们也会偶尔使用经过改造的非电力物品，例如以煤油为动力的冰箱等。

测试技术的效果是阿米什社会的一个正式程序：某位成员把一项新的技术介绍给团体领袖；团体领袖则指定他人对其进行测试，那些测试技术的成员在使用技术时也要接受监督；最后大家再进行汇报。如果没有发现足够令人信服的好处，团体就不会采用这项技术。团体允许年轻的阿米什成员尝试现代科技，如汽车、媒体、流行文化等，在成年后再决定是否留在阿米什团体并遵从规则。这个团体古板守旧、以父权为中心，而且成员面对规则都出奇地坚定。在美国多地，阿米什派的成员都在持续增加。

“圣经直译主义”很难说是一种全面、实用的应对技术的方法，但它所强调的以价值观为主导的方式倒十分有趣。阿米什派用自己的方式实践了一种被低估的训练——对技术的批判性思考。更多时候，现代人对于技术的态度是由“情感启发式”思维所主导的。这是由心理学家保罗·斯洛维奇提出的，即在缺乏证据或专业知识的情况下，困难的判断被转移到了情感上。正如诺贝尔奖得主丹尼尔·卡尼曼所解释的那样，“情感启发式思维通过创造比现实更为整洁的世界来简化我们的生活。在我们所居住的想象世界中，好的技术没有什么成本，坏的技术没有任何好处，所有的决定都很容易”。

涉及技术的时候，我们最大的危险是在面对决定论时放弃批判性思维。

除了发泄情绪，我们还有希望做得更好吗？任何重大技术革新背后的问题都是：其后果在本质上就无法预料。随之而来的必定是迟到的结果。然而，在任何技术环境之下，保持坚定一致和难以完美的是人性本身。在这个方面，阿米什派有一两种经验值得我们学习。

阿米什派的技术实践首先针对的是两种恶习：虚荣心和对物质财富的追求。如果允许部分农民实现一定程度的劳动自动化，可以预料到结果：要么是其他农民也需要相同程度的自动化，这样才能保持一致；要么是那些拥有更好的机械的农民将会获得土地、权力和财富，而那些没有参与的农民则会遭到淘汰。只有在公平的竞争环境中才能确保平等。这个道理，和通过限制摄影和图像复制等技术来抑制虚荣心是一样的。

摄影技术和虚荣心可能相互纠缠，也可能相互独立（翻阅某些浮夸、奢华的杂志后，你肯定会发现其中的关联性）。但在竞争方面，阿米什派有自己的心得。如果你在寻找技术决定论作为历史模型的最为有力的原因——也就是说，为什么从长远来看，技术发展似乎决定了我们这个物种的命运——那么，竞争就是那个决定性的因素。

想象一下，你是某个早期部落社会的一员，你们最先进的技术是打火石工具。这时，你们遇到了一个能够制造青铜武器的对手。除非你们也学会了加工青铜器的秘诀——如果是由钢铁锻造的则更好——否则你们就会任他们摆布。只要他们愿意，他们可以谋取有利的贸易条件，也可以夺取你们的领土。即使他们选择不压榨你们而获取利益，那在更好地武装自己之前，你们的生活也不会稳定、安全。

技术并不是某个文明成功的唯一因素，但是涉及长期竞争的时候，它往往具有决定性的影响。一旦你的敌人有了机械枪支，那骑兵冲锋就不再是一种选择；一旦敌人拥有了无人机，你就需要更大、更好的无人机（或是黑客和杀手机器人）；一旦某个国家有了核武器，唯一足以让其他国家留在游戏里的、具有足够威慑力的就是拥有更多的核武器（或是建立谨慎的战略联盟）。

这样的道理同样适用于商业世界。如果你在金融服务领域工作，竞争对手购买了最新的高频自动化技术，那你也需要同样的技术才能够保持实力，而且还需要更好的技术才能够获得优势。你可以随时退出，但总会有另一个人取代你的位置。反思是一种奢侈品，只有在事件发生之后才能负担得起，而监管在更多时候则是赢家俱乐部制订的一种缓解措施。

到此，决定论者的故事结束了。在这个故事里，技术和人类进步在很大程度上是同义词。反对这种看法的人要么是具有怀旧情怀，要么是在自欺欺人。

但是，我想说的是，决定论也在自欺欺人、否认事实。它并没有意识到，故事的美好部分往往是从它中断的地方开始的。我们应该朝着什么方向进步，又应该以什么为代价？我们应该在哪些领域发展，又应该让谁受益？除非我们能够在其他领域的文献中获得帮助，比如哲学、科学、政治和艺术，历史、心理学、美学和虚构文学，否则我们无法开始辩论这些问题。事实上，如果没有这些，我们什么都不能辩论。我们已经把自己降级为机械的状态，而且，这样的降级既没有为我们自己，也没有为我们的创造带来公正。

还有别的选择？不要把技术当作一个抽象的整体，不要把它与交织的社会区分开。我们应该接受这个事实：人类和他们的工具——从打火石到字母，再到没有实体的数据字节——都被锁定在了无休无止的谈判中。我们需要看看自己在做什么、怎么做、为什么做，而不仅仅是用什么做。

正如另一位科幻小说作家威廉·吉布森所说的，“未来已经在这里了，只是分布得不是很均匀”。我们由此得出的推论是：如果你认真、诚实地观察，就会在现在的某些地方看到未来的影子在闪烁。今天，人们究竟在用各种新旧工具做些什么？我们需要注意的平衡是什么？是我们的创新对价值追求的影响吗？这些都是值得回答的问题。更何况，没有任何答案是最终的解答。

涉及技术的时候，我们最大的危险是面对决定论时放弃批判性思维，就像斯蒂芬森笔下那个虚构的社会所付出的代价一样，我们在精密设计的连环刺激中关闭了高级的感官功能。

我们的责任并不是对人类的潜力进行某些抽象想象，无论这种想象是因为终极技术而增强的社会，还是完全抛弃了技术的社会。我们的责任是对彼此的责任，因为我们能最深刻地理解彼此所处的环境：做出妥协，被历史困扰，被没有选择的纽带束缚。于我们而言，变得更加自由，并不是要假装自己看到了机器所展示的镜子里显示了什么全新的事物，而是要更加仔细地审视自己的生活方式，无论有没有机器，由此减少欺骗。N

NASA
GM

摄影 | 罗伯特·马科维茨

六位思想家

技术

博学家

伊凡・伊里奇
1926—2002

机器的条款

模仿人类的机器正在侵占人们生活的方方面面，而它们又迫使人们像机器一样行事。新的电子设备确实有能力迫使人们在机器的条款下与之“交流”或相互交流。在由机器主导的文化下，凡是在结构上不符合机器逻辑的事物，都会被有效地过滤出去 …… 人们被电子产品束缚，表现出机器的行为，降低了人类的健康、幸福和尊严。从长远来看，大多数人都会忍受不了这种降低。我们会发现身处情绪化环境中的人们变得懒散、无能、自恋，以及对政治感到麻木，政治进程由此崩溃。因为人们不再有能力管理自己，他们要求被人管理。

作家

玛丽・雪莱
1797—1851

恶魔的威胁

我是否有权为了自己的利益，将这一诅咒加诸永恒的世代？我以前曾被我所创造的生命的诡辩打动，我也曾被他那恶魔的威胁打击得毫无知觉，然而现在，我的承诺之邪恶第一次爆发。我颤抖地想到，未来的时代可能会咒骂我这匹害群之马——只因我的自私，为了交换自己的和平，毫不犹豫地以或许是整个人类的存在为代价。

天文学家

卡尔・萨根
1934—1996

白大褂怪人

我知道，科学技术不仅仅是希腊神话中取之不尽的丰裕之角，向世界倾倒丰饶的善行。科学家们不只构思出了核武器，他们还紧紧抓着政治领导人的衣领，主张他们的国家——不管是哪个国家——必须率先拥有核武器 …… 人们对科学和技术感到紧张是有原因的。因此，“疯狂科学家”的形象就在我们的世界里挥之不去，从浮士德博士、弗兰肯斯坦博士到奇爱博士，再到周六早上的儿童电视节目中的白大褂怪人（这些奇怪的形象都无法让崭露头角的科学家却步）。但是，我们已经没有退路了。科学把太多的权力交到了道德上软弱不堪的技术专家或是腐败而狂热的政客手中。即便如此，我们依然无法做出这样的结论，也无法下定决心抛弃科学。

什么是技术？技术的“进步”是无法阻挡的吗？机器在我们的生活中扮演着什么角色？这里有六位著名思想家的观点。

奠基者

苏格拉底
公元前470—公元前399

真理的假象

然而，他们谈论到文字的时候，托特（埃及的智慧之神）说：“文字将会使得埃及人民变得更加聪慧，增强他们的记忆力。这是记忆与智慧的特效良药。”塔摩斯（埃及的众神之王）回答道：“最聪明的托特啊，一项技艺的创造者或发明者，并不总是能最好地判断自己的发明对于使用者的实用性或是无用性。”而在这件事情上，作为文字之父的你，出于父爱的指引，正在将一种他们不可能拥有的品质归于他们。你的这个发现会使学习者的灵魂养成遗忘，因为他们不会再利用自己的记忆。他们会相信外在的书写文字，而不再记得自己。你所发现的特效良药，不是对于记忆的帮助，而是对于回忆的帮助。你为你的孩子们提供的不是真理，只是真理的假象。”

文化批评家

尼尔・波兹曼
1931—2003

信息不足

由于计算机通常的功能……除了电灯，从来没有哪种技术能够更好地诠释马歇尔・麦克卢汉的格言——“媒介即讯息”。计算机技术的“讯息”是全面而专横的。直截了当地说，计算机认为，我们在个人和专业层面上所面临的最严重的问题，需要通过快速获取信息来解决，如果没有快速获取信息的渠道，我们就将一无所获。这其实是……无稽之谈。我们最严重的问题不是技术问题，它也不是因为信息不足而产生的。例如核灾难的发生，就不是因为信息不足。在有些地方，人们因为饥饿而死亡，也不是因为信息不足才发生的。家庭关系破裂、儿童受到虐待、犯罪威胁城市、教育无力普及，这些都不是因为信息不足而发生的。数学公式、即时通信和大量的信息与解决这些问题毫无关系，而计算机在解决这些问题上也毫无用处。

伦理哲学家

玛丽・米奇利
1919—2018

控制他人

“认知”不能“转换为大脑电路”，“学习能力”和“创造能力”不能被“定义为认知机器的特定部分”。这些事情不可能做到。因为“转换”和“定义”不是通过思考者的大脑执行的操作，而是建立在语言之上。学问、知识都是描述一个思维主体（作为一个整体）与他所思考和谈论的事物的关系的词语。给这些词语下定义，就是为了表明它们的正确用法，以摆脱任何模糊、混乱、歧义的困扰。因为这些词语描述的是整个思维主体的功能，所以不能用来描述该主体执行这些功能时“认知机器的部分”的变化。这就类似于在说不是司机驾驶汽车赢得了比赛，而是汽车燃油机里的汽化器赢得了比赛。汽化器甚至不知道如何参加比赛，更不用说赢得比赛了。赢得比赛需要汽化器，正如思想家（包括神经学家）需要脑细胞。

真正的数字革命已然到来

罗伯特·W. 麦克切斯尼

在过去的四五十年里，互联网在很大程度上改变了我们的经济、文化、政治，以及我们的生活方式。以至于在许多人看来，我们正处于一场通信革命之中，其重要性可以说与文字或是印刷机的发明不相上下，甚至能与语言的出现比肩。然而，迄今为止，我们所经历的变化只不过是个前奏。

2015年夏天，世界上最大的工业企业之一的首席执行官在德国的一场面向权贵的私人晚宴上发表了演讲。在问答环节，首席执行官被问及机器人在制造业中的应用，以及它们在未来是否具有现实前景。这位首席执行官告诉大家，他的公司已经拥有了一家全自动化的工厂，并且已经掌握了相关技术，可以立即让公司在全球范围内的所有工厂实现全自动化。

阻止他们这样做的主要因素不是经济上的——这样做在经济上是完全合理的——而是政治上的：如果要将工厂全部转为自动化，将会使至少40%的劳动力（其中大部分仍在德国）失业。他说："如果我们这么做了，德国的中产阶级将会大受打击。"听众大吃一惊，因为他的言下之意是，这一切很快很快就会到来，甚至连世界上最有权势的首席执行官也无法阻止。

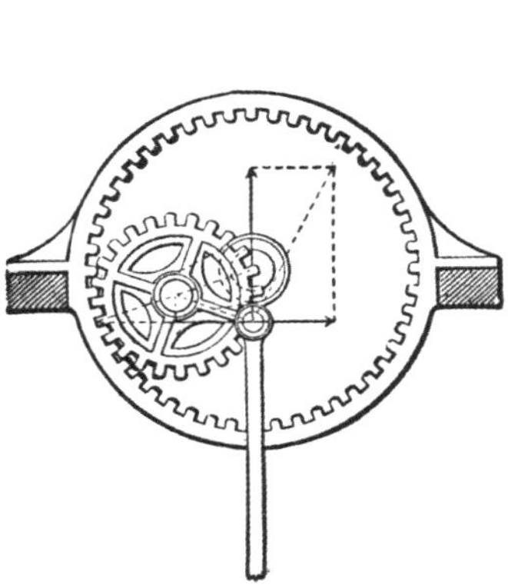

如果这个演讲是面向计算机科学家的，他们便不会感到惊讶。在过去的几年里，机器人科学取得了许多革命性的进展，越来越多从前无法想象的突破，就在眼前。在2015年之前，吉尔·A. 普拉特一直是美国五角大楼国防部高级研究计划局（DARPA）的项目总监，负责监督机器人技术的相关对于30岁以下的人来说，劳动力市场并不比大萧条时期乐观。

工作。在整个数字时代，美国国防部高级研究计划局一直是技术创新的中心。

普拉特分析后认为，人类可能即将经历类似寒武纪生命大爆发这样影响巨大的事情。寒武纪生命大爆发指的是约5.4亿年前，在一个相对短暂的时期里，生命经历了惊人的快速多样化，有研究认为其中甚至包括视觉的进化。这段时期对后来复杂的智慧生命的发展至关重要。普拉特概述了在机器人和计算领域所取得的一系列相关突破和配套性突破。他认为，这些突破让机器有可能“复制大脑许多感知部分的性能”，最巧的是正好包括视觉本身。

普拉特认为，这些突破至少“对经济产出和人类劳动力的影响必定是深远的”。他拒绝预测这一切具体会在什么时候发生，“因为临界点的出现时间很难预测”，但是它正在到来。

机器人和数字通信带来的就业转型并不仅限于制造业。相关问题的研究者认为，在未来的一二十年内，半数左右的现有工作岗位将被淘汰，而且没有哪个行业能够在自动化的进程中幸免。2014年，另一位著名的首席执行官在达沃斯经济论坛上宣布，大多数传统的白领工作也是数字化的俎上鱼肉。而且没有人预见会有新的就业部门被开辟出来，足以接纳被取代的工人和数以亿计的劳动力大军。劳动力和岗位数量之间的差距太大了。

即使是不断降低的工资前景，也无法与新技术所带来的巨大前景相竞争。总部设在中国的世界上最大的制造公司拥有100多万名工人，是工业机器人的最大购买方之一。这家公司正在计划，在不远的将来的某一天，它也将拥有完全自动化的工厂。

这些发展将给资本主义和民主制度带来直接和致命的挑战。美国的资本主义并没有做好迎接自动化浪潮的准备，所以很难全力以赴。这个体系陷入了长期的停滞：经济增长缓慢，失业率高，就业人数不足，数万亿美元的储蓄无法用于能够盈利的投资，实际工资下降，不平等现象加剧……这些都是我们这个经济时代的标志。对于30岁以下的人来说，劳动力市场并不比大萧

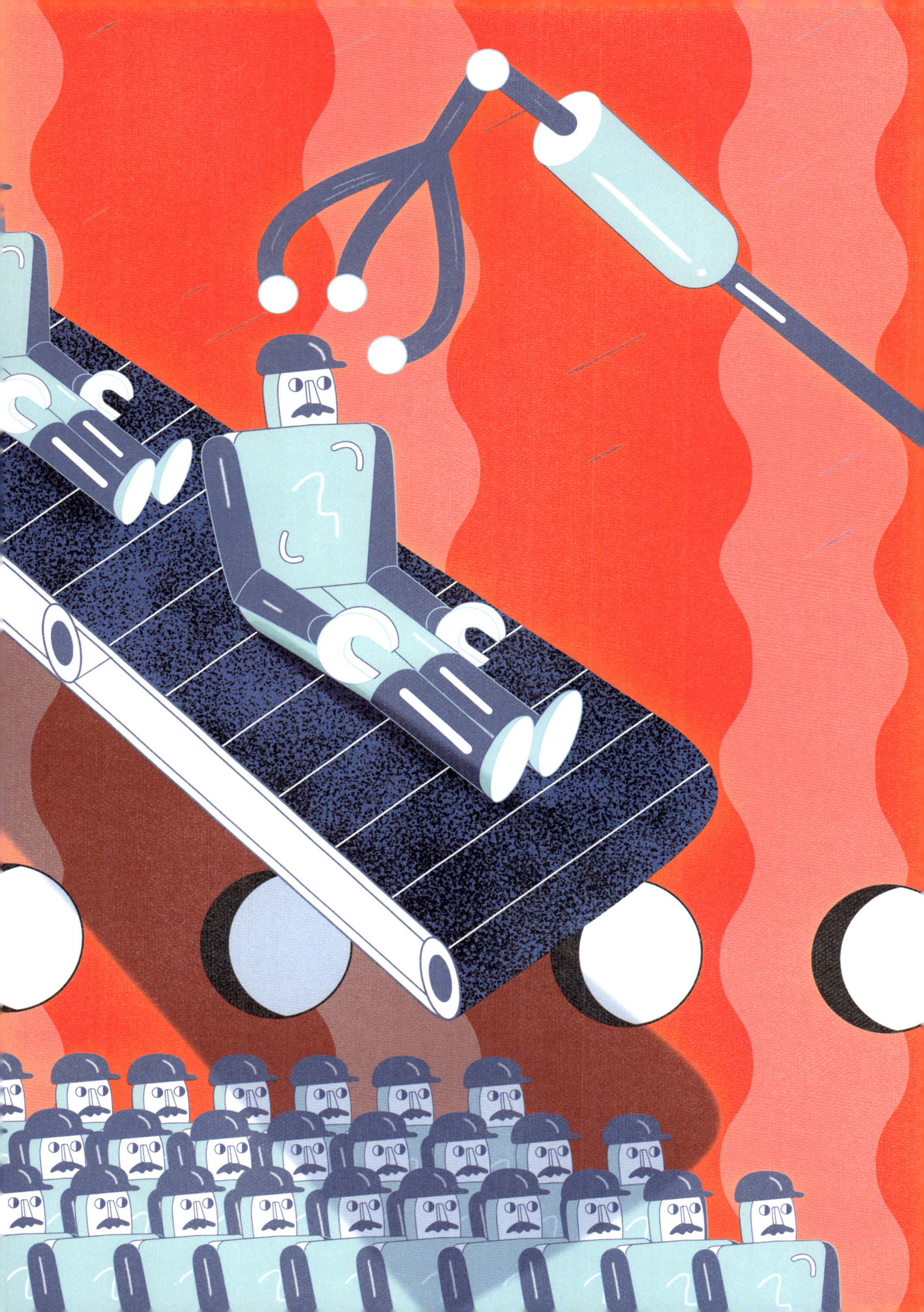

那些在现状下获利巨大的既得利益者很可能会与渐进式的变革进行激烈斗争，仿佛生死攸关。

条时期乐观。面对这些现状，我们现在正准备引入革命性的自动化浪潮，这将会加剧所有这些长期存在的趋势，也许会让它们成倍增长。

除非改革已经在路上，只是尚未显现或者尚不为人知，否则这个制度似乎更多的是在演变成腐朽的封建秩序，而不是为具有社会流动性的富裕社会提供基础。如果没有人有足够的收入去购买新的产品，那么企业就没有动力去投资获利。在经济停滞不前的情况下，技术上的革命性进步很难成为灵丹妙药，它们似乎只会促使人们越来越频繁地谈论起降低生活水平和削减社会服务的必要性。

当下，要想生产足够的产品来满足人类的欲望和需求，所需的劳动力已经大大减少。然而，从卡尔·马克思、约翰·斯图亚特·穆勒到索尔斯坦·凡勃仑和约翰·梅纳德·凯恩斯，经济学家都明白这个极大的讽刺：养育出这种富裕生活的制度本身无法适应这种富裕。他们也都知道，我们所熟悉的资本主义最终会被围绕在新经济现实基础之上的后匮乏体系取代。

正如凯恩斯在1930年所说的那样，人类距离解决这个最初就定义了人类发展的“经济问题”只有百年之遥。这种改变无疑会带来一段动荡不安的时期，但是最终的目的地将是人类的至上幸福。密尔曾经优雅地描写了一个处于“静止状态”的社会。在这个社会里，经济增长不再必要，商业主义将会减少，人性得到进化，人人都可以发展自己的天赋和能力——在过去贫穷的时候，只有少数的富人才能做到。而马克思自然是把它看作未来真正自由平等的社会的物质基础。而这样的社会在贫困的世界里，永远不会出现。

这些紧张的关系将会直接体现在政治领域，因为公民会要求通过政治手段来解决经济停滞、失业、就业不足和贫困等重大问题。近年来，政治民主和资本主义一样，几乎没有经历过公民高度知情参与、具有公共服务意识的领导人带领的黄金时代。极端不平等和个体的贪婪才是经济现实，又转化为政治领域内滋长的腐败和愤世。

这些都破坏着有效的自治制度。美国是一个极端的例子：竞选活动被金钱渗透，而选民的投票率则极低，尤其是在穷人、年轻人和被剥夺财产的人之中。随着危机的加深，人们将重新求助于政治。可是，这个系统是否能以民主和人道的方式来应对危机仍然是未知数。那些在现状下获利巨大的既得利益者很可能会与渐进式的变革进行激烈斗争，仿佛生死攸关。这个系统也很容易沦为宣传机器、军国主义和暴政的平台。只有发生了才会知道后果。

我们并非完全处于无人涉足的历史之地。在20世纪30年代，资本主义世界的大多数国家经历了广泛而严重的失业潮。面对当时的情况，传统政策似乎束手无策。新的灾难随之出现，并在一些国家取得了胜利，那就是法西斯主义。前所未有的发展带来了前所未有的结果——一场反对民主的群众运动。法西斯主义声称民主制度无效且过时，它也提出了解决失业的"办法"，而这些办法总是涉及将军国主义作为政府刺激的唯一合法形式。不同的国家有不同的形式，但是所有的法西斯主义运动都无一例外地利用了种族主义和沙文主义来获得支持。这是人类历史上一次最为丑陋和可耻的发展。

可是如今，我们看到它有可能随着危机的加深再次出现，甚至是在那些遭受法西斯主义折磨数代之久、完全无法想象它再次出现的国家出现。

与法西斯主义相对，二十世纪三四十年代的伟大反法西斯运动表达了人们坚定的决心，要振兴民主体制、结束军国主义，保障所有人的生活水平，以此作为反对法西斯主义的堡垒和人类前进的唯一途径。美国前总统罗斯福甚至认为，我们需要一个"经济权利法案"来结束贫困，确保法西斯主义永远不会重现。在走向深渊之时，这是一个我们开始必要讨论的好时机。N

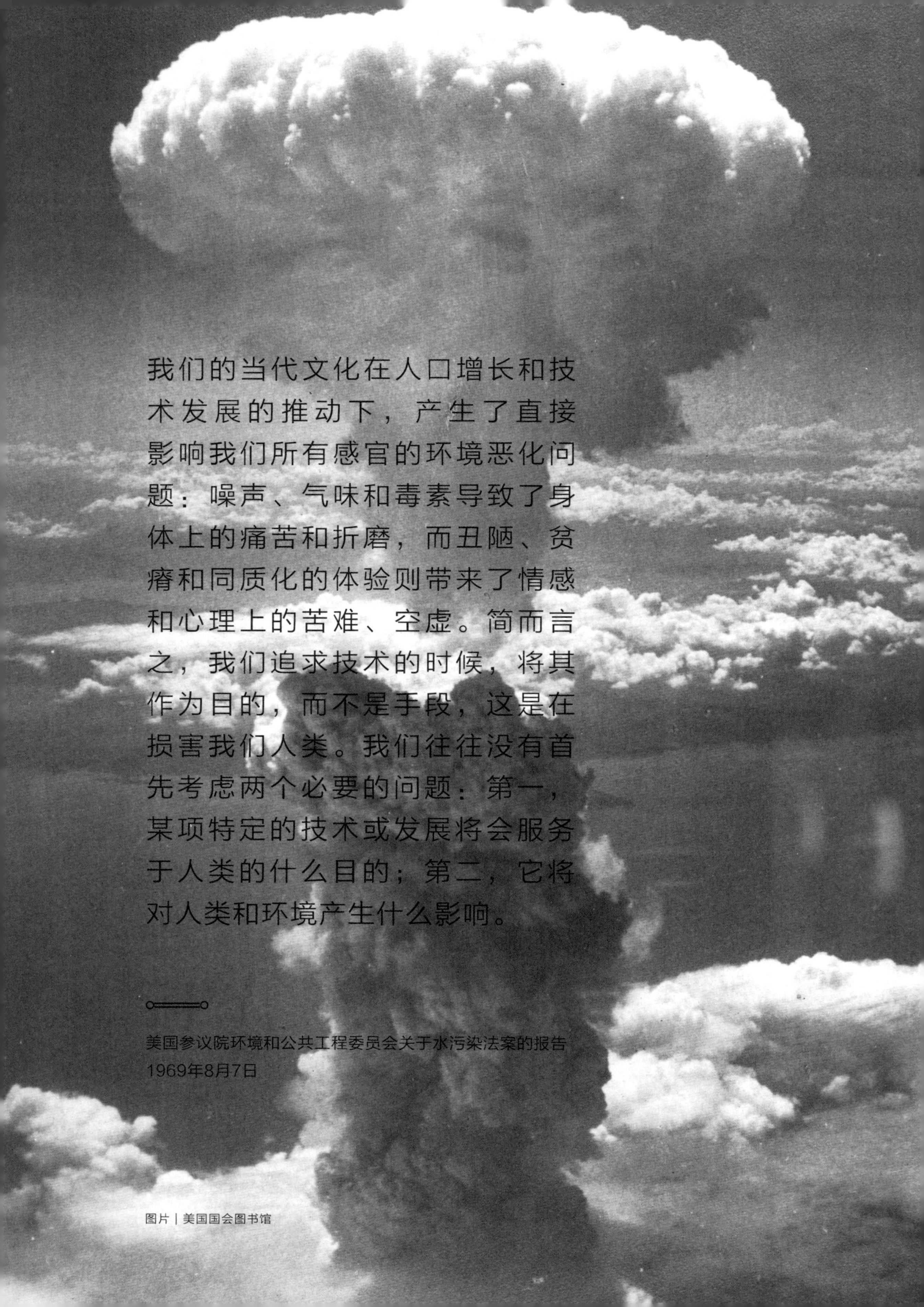

我们的当代文化在人口增长和技术发展的推动下，产生了直接影响我们所有感官的环境恶化问题：噪声、气味和毒素导致了身体上的痛苦和折磨，而丑陋、贫瘠和同质化的体验则带来了情感和心理上的苦难、空虚。简而言之，我们追求技术的时候，将其作为目的，而不是手段，这是在损害我们人类。我们往往没有首先考虑两个必要的问题：第一，某项特定的技术或发展将会服务于人类的什么目的；第二，它将对人类和环境产生什么影响。

美国参议院环境和公共工程委员会关于水污染法案的报告
1969年8月7日

图片｜美国国会图书馆

弃物

奈吉尔·沃伯顿

2016年早些时候，我的母亲去世了。翻阅她的遗物时，我在学校的报告、信件和旧相册中，发现了父亲很久以前的便携式计算器——迷你版夏普ELSI。这是20世纪70年代的老古董，笨拙、磨损的金属和塑料表面，红色的发光二极管，拿在手里有一种沉甸甸的复古感。我仿佛回到了自己的少年时代。当时，这台机器代表了科技的最高水平。它是我父亲的客户送给他的礼物，很珍贵，因为它当时的价格相当于今天的一台笔记本电脑。

我记得小时候，我曾经尝试过将它开发到极致：不停地做乘法运算，直到只能显示8位数的屏幕装不下结果，只用一排红点表示错误；将100除以3，看到33.333333"流"过整个屏幕；把计算器倒过来，输入神奇的数字0.7734，在计算器的简单字体中，这个数字读起来是"HELLO"（你好）。现在，它的软皮拉链套不见了，而它被放在柜子的底部，不再是一个计算支出账目的有价值的工具，而是一个很久以前的废弃垃圾。

我没有想到它还能用。4年多过去了，这个要求太高了，它几乎成了古董。但是，我还是买了4节电池，打开了它。屏幕上出现了一个红色的小

淘 汰 的 游 戏

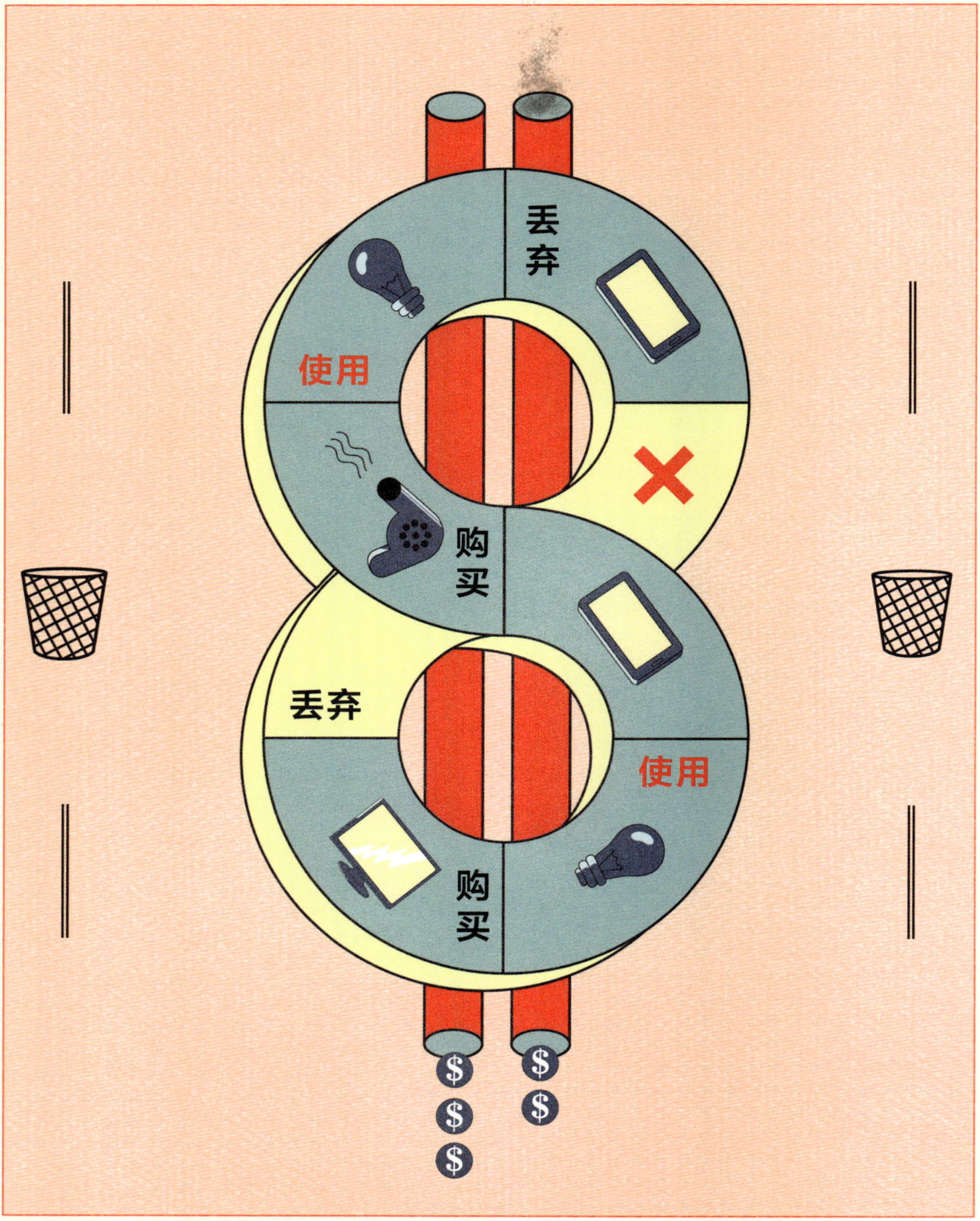

新哲人

数字——0。它的4种简单功能都能用。我在网上搜索了一下，发现早期的很多计算器会很快耗尽电量，而夏普的这款计算器算是一个突破，因为它的耗电量比较少。那么，我想知道，它为什么会被放在柜子的底部？既然家里已经有了一台功能齐全的计算器，为什么我们后来又用了那么多便宜的计算器呢？在学校里，我需要一台科学计算器来代替对数表和滑尺，而这些知识在我刚刚开始掌握的时候就没用了。从那以后，我只会用到普通计算器来计算加减乘除。

同时，和许多人一样，我有一个抽屉，里面存放着一系列废弃的智能手机。其中大部分手机的寿命只有两年或是更短，真的应该被回收利用起来。这些手机里，没有一部能做到我现在的手机所做的事情，尤其是摄像头。相比之下，那些旧手机简直原始得令人难以置信，内存也非常小。我已经不知道自己为什么要留着它们了。

但是，我父亲以前的那台计算器能做到我需要计算器做的所有事情，而且它的设计比现在任何一款廉价的塑料计算器都要有吸引力。至少对我来说，它不是一个过时的技术产品，而且它还有私人的痕迹。现代计算器更加便宜，无疑也更为节能，但是这台计算器仍然能够完成它的工作。然而，我不知道还有多少人在使用这种机器。计算器不会世代相传。它们很快就会被扔掉，也根本不值钱，因为其中的技术成本太低了。几年后，它们可能会像滑尺一样，作为独立的物品，几乎完全被淘汰——因为它们很容易作为应用程序被安装到智能手机或者电脑上。

我们这代孩子没有预料到，陪伴我们成长的物件只是暂时的。没有人告诉我们，技术会以如此之快的速度发展，以至于我们童年时科幻小说中想象出来的设备，到我们成年的时候，已经被真正的创新技术超越，显得十分过时。我小时候去公共图书馆，从来没有人谈论过电子书，也没有人说过数字技术可以让人在手提包里的电子设备上携带一个小型图书馆。打字机似乎以某种形式留了下来，电话和传呼机也是如此。我们当然知道技术会逐渐更新，但是没有预料到在我们的有生之年，这种改变的速度会越来越快。

我们创造机器是为了帮助自己。它们是功能性的物品，而不仅仅是装饰。它们的好坏，要根据所执行预设功能的成功或失败来判断。新的技术要么能比现有技术更好地实现旧功能，要么能服务于新的目的。然而，在这个瞬息万变的世界里，企业的既得利益把我们捆绑在需要不断升级的技术品牌上。

我们很容易掉进这种已经设置好的消费陷阱，永远都在试图满足自己对新产品的新欲望。我们永远都无法满足于已经获得的技术，只因为某处的某人刚刚拿出了比我们去年刚买的机器运行速度更快、设计更流畅、运行更高效的机器。同时，由于这种欲望无法被满足的循环，我们的身后留下了越来越高的废弃物品堆。这些淘汰和半淘汰的机器似乎曾经满足过我们，现在却显得过时和笨拙。

听起来，我们好像有一条简单的出路：只要坚持使用某个功能完好的产品，拒绝新技术的诱惑，无论它在效率方面有什么承诺。可是，试图坚持使用旧的技术并没有那么容易。诚然，少数特立独行的作家仍然在使用手动打字机，但是这样会迫使他们不得不储备色带和替换零件，并且在设备出问题的时候，需要去寻找为数不多幸存下来的打字机技术人员。一台机器，如果没有零件供应和了解如何安装零件的人，会让使用者非常无助。无论喜不喜欢，我们都被卷入了新技术的潮流。如果选择退出，只会让我们与世隔绝，被我们的孩子所居住的世界拒之门外。

所以，我父亲的计算器真的很特别。这是一台来自另外一个时代的机器，不需要维修就能文明通过扩大重要行动的数量而不断进步，而我们无须进行思考就可以执行。

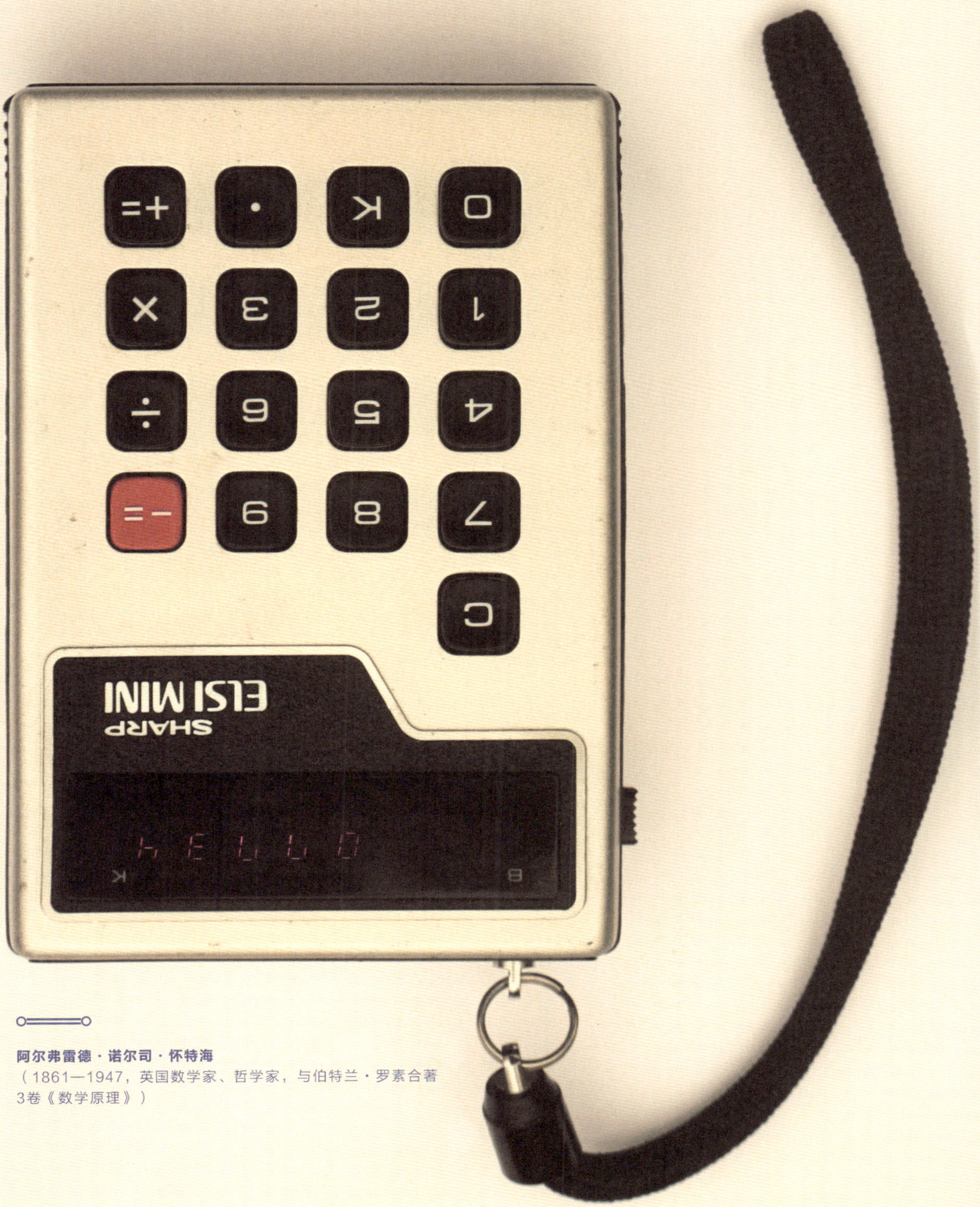

阿尔弗雷德·诺尔司·怀特海
（1861—1947，英国数学家、哲学家，与伯特兰·罗素合著3卷《数学原理》）

摄影｜奈吉尔·沃伯顿

在这个瞬息万变的世界里，企业的既得利益把我们捆绑在需要不断升级的技术品牌上。

够继续工作，唯一需要更换的部件也很容易获得——标准电池。更重要的是，我并没有遇到这台计算器无法满足的新的计算需求。加减乘除这些功能并不需要一台新机器才可以更好地完成——要么能够得出正确的答案，要么不能。与我使用的许多科技产品不同，这台计算器陪伴了我足够长的时间，承载了我的一些私人记忆。我还记得父亲带着这个计算器回家时的喜悦之情。由于它的价值，我们不得不小心翼翼地使用它。如今，和它配套的贴身皮制拉链套已经不见了，而它被放在柜子底部，柜子上面正好是我们新买的、色彩鲜艳到不可思议的电视机。

我敢肯定，我很快就不会再次使用这台计算器了。尽管它的性能已经“不合时宜”地通过了时间的考验，尽管它承载了我的童年记忆。只是，相比于停下手下的工作、拿起不同的设备，我更愿意使用智能手机或者笔记本电脑上的计算器。数字技术正在迅速将自己的“奥卡姆剃刀”应用到我身边的物品上。“奥卡姆剃刀”是中世纪的简约法则，提倡不去增加不必要的实体。虽然技术的急速发展已经让我的生活变得杂乱无章，充满了曾经有用的物品的外壳，但是，它似乎正在实现一个承诺，那就是减少了我所需要的技术物品的数量，并且仍然执行着那些曾经需要多台机器才能完成的功能。

这台便携式计算器，以及便携式相机和地址簿，很快就会作为独立的实物被载入历史。它们现在只不过是其他数字机器的某项功能而已。我想，这是一种进步。但是，看到父亲的计算器时，我仍然觉得有些东西可能已经随之而逝了。N

技术系统的一部分

采访者｜赞·博格
受访者｜安德鲁·费恩伯格

安德鲁·费恩伯格是加拿大西蒙·弗雷泽大学传播学院技术哲学方向研究中心的主席，也是该学院应用通信与技术实验室的负责人。费恩伯格著有多部与技术相关的图书，其中包括《另类现代性》和《重新发明互联网》。他还被公认为在线教育领域的早期创新者，因为在美国教育部的资助下，他在1982年领导了在线教授写作的TextWeaver项目。

在当代社会中，您认为技术有哪些积极影响和消极影响？

最积极的影响是显而易见的：技术支持着现代生活，以及其中所有美好的事物。我们拥有着比以前更好的医疗保健条件，我们拥有着在不同地方灵活移动的能力，我们拥有着跨越全球的沟通交流。关于技术，我还能说出各种各样的好处。技术带来的消极影响也很明显：每个人都知道核武器、气候变化、发展中国家面临的可怕问题，我还可以继续说很多。

是否会有特定的群体，因为技术使用的增加而使生活变得更加糟糕？

当然会有。我认为现代化的最大灾难是贫穷的农民所遭受的苦难。他们因为与工业、农业竞争失败而陷入贫困，被迫离开了自己生活的土地。这是人类的巨大灾难。我们没有采用现代化的方法来改善家庭农业，也没有在交通和通信方面为农业提供帮助。几乎没有人在思考以传统农业为生的人应该何去何从，它已经遭到摧毁。在贫穷国家的农村地区生活可能是非常艰难的。如今，他们生活在贫民窟里，面对着毒品、暴力、失业和受到污染的水源，生活变得更加糟糕。这才是最大的社会群体——至少有10亿人口——在当前的现代化浪潮中承受着最大的伤害。

DOLCE&GABBANA

从马尔库塞到很久以前的亚里士多德，许多哲学家面对技术都有话要说。海德格尔认为，随着现代技术的发展，技术本身的性质发生了深刻的变化。您在这方面有什么看法？

海德格尔将基于手动工具的传统技术与基于机械设备的现代技术区分开来。他不反对传统技术，但是一旦技术发展成为涵盖整个社会的、庞大的现代系统，人们就会被吸纳到系统之中，成为技术的主体和客体，而他们的行为和生活也将由系统安排。我每次坐飞机的时候都会想到这一点，而且我经常坐飞机。您到达机场的那一刻，便成了现代技术系统的一部分，它会告诉您要去哪里、做什么、向谁展示什么。您的行为都是由系统预先安排好的。如果您不按照设定前行，可能会遇到很多麻烦。您只是航空系统中的另一台设备。现在，乘务员的举止的确是将您像一个人一样对待，您可以与他们聊天，但这并不重要，因为整体的现象仍然是海德格尔所说的技术上的“框架”。

海德格尔所关注的不只是人们在融入系统后，丧失了做自己想做的事情的能力，他认为人们更是失去了对自己“人性”的意识。

我很好奇，面对当前的技术使用情况，海德格尔会说些什么？技术似乎已经沦为分散人们注意力的一种方式。

你想到的是电子游戏和智能手机。是的，当然，在过去的几年里，人们已经沉迷于便携式设备，达到了前所未有的程度。这是相当了不起的。当然，这并不会让海德格尔重新思考他的立场。事实上，这似乎印证了他的观点。这也是我所说的一种矛盾现象，即人们利用这些工具来沟通和安排自己实际生活的能力也具有积极的特性，不应该被否定。这是我在研究互联网的过程中发现的问题。在互联网上，确实有很多商业主义和监控行为。又一次，坏人似乎睡得很香。互联网本来应该解放我们的，但是它并没有完成使命。所以，关于互联网的讨论有很多夸张宣传，也有很多反对之声，但是，实际情况既不是一个极端，也不是另一个极端。

现在还处于初期，我们只是处于采用互联网及其他技术的非常早期的阶段。

当然，我们不知道未来的互联网是什么样子的，这是不可能预见的。人们仍然在利用互联网达到多种多样的目的，从犯罪活动到革命，再到安排他们的国际旅行……比如，如果有人听说，法国的移民工人在使用互联网给他们在突尼斯的孩子读睡前故事，又怎么会标榜自己了解这种技术的实质呢？您能给予什么评价呢？我们没有办法用单一的评价来概括这个系统，我们无法在谴责和赞扬之中只择其一。

人们在网上的行为是否比面对面时更糟糕?

如果您去阅读新闻文章后的评论，会得到很多证据，证明人们在网上的行为很糟糕。但是要怎么比较呢？因为您不知道他们在私人生活中做了什么事情。这只是一个公共场合，人们在其中表现得很降智。

您怎么看待我们的个人身份观念因为能够创造虚拟身份而发生变化?

是的，在互联网上，您会发现一种新的管理身份的能力。其实，我们一直拥有这种可能性，例如通过穿着管理身份。但是，现在，我们的身份可以被更加细致地管理、更加有反馈地管理，因为互联网上的身份基本上是以书面形式呈现的，或者以编辑过的视频形式呈现。这种编辑和管理身份的能力的增强，伴随着自我展示风险的降低。所有围绕着个体荣誉和尊严的事物，其重要性似乎都随着匿名管理身份的能力的增强而降低了。此外，我们想要退出交流，也变得容易了许多。所以，如果有人在互联网上侮辱您，您可以直接切断连接。您不会被迫站在那里看着他们。

从我所读到的您的作品中，我可以看出技术如何塑造当代社会，以及技术如何被当代社会塑造的观点对您很重要。您能够详细地说明一下吗?

不久前，技术哲学是决定论的，至少在社会科学领域是这样。大多数研究者认为，技术决定了社会，而且几乎是沿着马克思所勾勒的路线：技术的基础结构和生产力量塑造了上层建筑。人们还普遍认为，技术的进步取决于科学的进步，而科学的进步本身被视为社会的外在因素。因此，最后您会得到一个理论，即技术有能力塑造社会，而不会被社会塑造，这是一条单行道。然而，事情现在有所变化了。作为围绕着互联网、环境、医疗系统等斗争的一代人，我们现在认识到，技术也会被社会塑造。

这不是一条单行道，而是一条双行道。我们把这种互相作用称为技术与社会的“共同生产”。这需要一个前提来解释为什么这样是可能的。这就是不充分决定论的概念，即认为技术发展

"INCORRECT PASSWORD"意为"密码错误"

并非完全仅由技术因素所决定。这比决定论的观点更加合理。正如许多工程师所知道的那样，使用技术完成任何事情，都有许多方法。工程师面对出现的问题，总有一大堆不同的解决方案，需要在其中选择一种。这就是社会干预，在可行的方案中进行选择。

很多人都认同这样的观点——"技术会拯救我们"。所以，您认为技术能够拯救我们吗？

当然，我们正在努力地通过技术创新、新的能源生产方式等来拯救自己。在一些国家，比如丹麦，已经成功地使用可再生能源取代了大部分化石燃料。如果把这些国家作为一种范式，您可以想象，将会极大地减少温室气体的排放，也许会成为针对气候变化的一种可行的调整。当然，政治上的阻力，以及经济上的阻力是非常强大的。目前为止，变革的政治宣传相对微弱无力。人们必须将他们遇到的所有可怕的天气事件与气候变化假说联系起来，才能向他们的政治领导人施加更大的压力，使他们做出必要的调整。

但是，人们会放弃自己从过度消费和过度污染的生活中所得到的好处吗？

人们的偏好必须改变。这种情况在过去发生过。我记得OPEC（石油输出国组织）曾经将油价提高了3倍，人们要想加油，就不得不在加油站排几个小时的队。突然之间，小型汽车变得更有吸引力了，人们发现了它的优势。小型汽车的悬架和转向系统要比大型汽车的好得多，也更容易停放，在堵车的时候，您也可以灵活地从车流中移动。小型汽车的市场是由于当时的经济需要才出现的。

但是，因为人们偏好的改变，小型汽车的市场一直保持了下来。其中所运用的经济学知识比人们平时以为的更加灵活。我们为汽车支付了更多的费用，但是它们的性能比之前更好，耗油量也少得多。我很容易就能想象到，在应对气候问题的过程中，社会也会发生类似的变化。例如，太阳能在屋顶上创造能源的普遍推广，可能会带来更加便宜的能源。那些屋顶现在只用来挡雨，但它们有多大的发电能力呢？仅仅是澳大利亚的屋顶，可能就足以为整个地球供电了。N

我们没有办法用单一的评价来概括这个系统，我们无法在谴责和赞扬之中只择其一。

图片｜佩尔·戈斯基

你愿意活在模拟世界里吗？

拉塞尔·布莱克福德

在一次备受讨论的哲学思想实验中，已故的哈佛大学哲学教授罗伯特·诺齐克问我们是否愿意接入一台“体验机”——这台想象出来的设备可以为我们提供幻觉，让我们体验愉快的拟态现实。诺齐克预测的是一个否定的答案，他觉得人们宁可过真实的生活，也不愿意去过模拟出来的快乐、舒适的生活，即便这样的模拟（看起来像）是完美的电影冒险。快乐的梦自然很好，诺齐克的想法也与我们的直觉不谋而合：我们非常重视参与现实的世界。

按照诺齐克的说法，我们希望亲自去做某些事情、成为某种样子，在与现实的实质性接触中积极地生活。换句话说，我们想要的是自己创造的、真实的生活。

诺齐克并不是第一个在虚拟现实中思考生活的哲学家。17世纪，在现代西方哲学的萌芽时期，勒内·笛卡尔就曾提出疑问：如何才能确定自己没有持续、系统地被某个力量强大、心怀恶意的魔鬼欺骗？在那种情况下，他所经历的一切只是一种幻觉。笛卡尔通过“证明”某位善良、诚实的神灵的存在来解决这个问题，他自己很满意。不过，现在的人们普遍认为，他的“证明”是失败的，我们无法从逻辑上排除极端怀疑论的猜想。

“邪恶魔鬼”的情景设想还有一个新的版本，那就是众所周知的与美国哲学家希拉里·普特南有关的“缸中之脑”。这个想法认为，“我”可能只是一个大脑，连接在先进的实验室设备上，为“我”提供感官输入，包括拥有身体和在世界中移动的错觉。普特南认为，这不是“我”能够对自己产生的条理清晰的怀疑。然而，至少从表面上，它听起来是一种合乎逻辑（虽然异常牵强）的可能性。在《黑客帝国》及其续集中，好莱坞以宏大壮观的方式和令人印象深刻的特效，成功描绘了类似的设想。

牛津大学的哲学家尼克·博斯特罗姆认为，我们有可能生活在一种模拟的现实中。他提出，如果我们预想人类最终将会通过计算机来模拟历史环境（包括有意识地参与事件的软

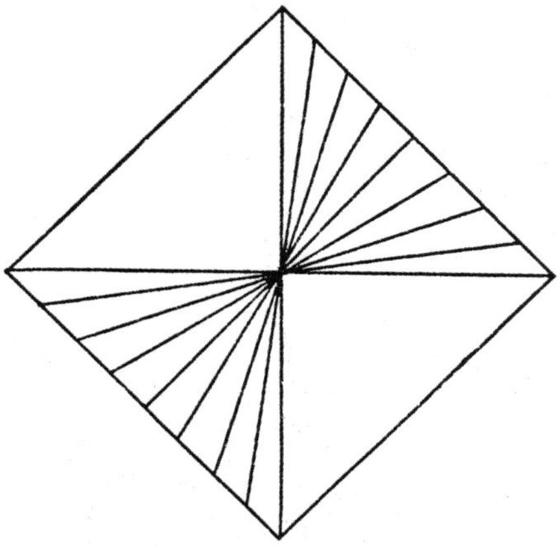

柏拉图告诉我们…… 我们就像山洞里的囚徒，远远地看着火光，除了火光在墙上投下的阴影，什么也看不见。

件主体），那这个想法就是合理的。如果在某种情况下，这种模拟世界可以实现，运行者大概是某个在技术上远比人类社会更加先进的社会，而我们可能只是其中的一部分。如果存在众多这样的“祖先模拟”，那么我们更有可能生活在模拟世界中，而不是生活在那个唯一的真实世界中。

这一切会多么令人不安呢？人们经常认为，生活在模拟世界中会带有某些深远的困扰和荒凉，甚至是令人厌恶的。例如《黑客帝国》就利用了这样的印象——尼奥、莫菲斯和崔妮蒂等角色反抗着控制他们所处的模拟世界的机器。不过，你是否愿意进入模拟现实，可能取决于它的细节。

你愿意活在模拟世界里吗？

我们很容易想到，模拟现实会使居住在其中的软件主体获得感官享受，也有可能获得更为精致的情感和智力体验（比如坠入爱河、创造艺术，或是思考哲学难题）。可是，模拟现实是否能够提供真实的感觉和真正的自由？这些显然不存在于诺齐克的思想实验里，但是我们可以对“体验机”的细节稍加修改。

例如，如果你是模拟现实中唯一有感觉能力的存在，你就无法与其他人建立真正的关系。他们对你表现出来的爱或尊重（或是其他反面的情感）将会是一种幻觉。但是，如果你遇到的其他人和你一样，都拥有感觉能力和自我意识，即便他们也是软件人工制品，又会如何？在这种情况下，至少你所关心的某些东西，如别人对你作为独特个体的感觉是真实的。此外，技术是一种技能，将世界预先安排妥当，令我们不必再去体验它。

马克斯·弗里施
（1911—1991，瑞士建筑师，剧作家和小说家，二战后德语文学代表人物）

摄影丨王久光（音）

如果你所参与的是真正的选择和互动，影响着你的未来，甚至可能会塑造你的性格，你就会有一种自我创造的自由。现在，对比一下，这种情况和事件的进程完全由某个恶魔或者疯狂的科学家从模拟世界之外控制的情况有什么不同。

也许我们可以调整思想实验的参数，直到计算机模拟世界里的生活看起来和普通物理世界的生活一样美好，或者几乎一样美好。一旦建立起来，模拟世界可能会独立运行，不再有持续的外部干扰。它可能会需要其中的居民真实、有效的选择，而且正如我所提到的，它可能包括真正的人际关系。但是，如果居民不知道自己生活在模拟世界中，并且没有办法发现真相呢？这听起来还是很令人不安的。他们会不会在网络泡沫中过着不真实的生活，与外部的宇宙永远隔绝？

这些有趣的假设暗示了一个更加普遍的问题：几千年来，东方和西方的传统哲学家都在问，我们在普通世界中的生活，是否发生在对更高或是更深的现实的无知之中？在柏拉图最杰出的对话录《理想国》中，他告诉我们：我们未能觉察到存在于感官世界背后的形而上学真理。我们就像山洞里的囚徒，远远地看着火光，除了火光在墙上投下的阴影，什么也看不见。在柏拉图的寓言中，我们距离逃出洞穴、借着太阳的光亮看见现实，还有几步之遥。

我们再想想现代科学的惊人发现。累积起来，这些发现都向我们表明，时空宇宙的基本结构，包括我们自身物种的起源，都和未接受过科学训练的思维或常识所看到的不同。但是，这是否意味着所有生活在伽利略、牛顿、达尔文和爱因斯坦等人的发现之前的人，都过着不真实的生活呢？我们似乎需要一个更加宽容的标准，来判断人们是否活得真实。也许我们可以依照人们所能合理获得的、关于现实的知识来判断他们和他们所过的生活是否真实，只要他们在理智层面保持好奇、诚实。

尽管有博斯特罗姆的观点，但我仍然怀疑我们是否生活在计算机模拟现实之中。然而，我相信，我们可能生活在某些重要且普遍存在的错误观念中。更糟糕的是，如果我们坚持错误的想法，那可能会限制我们发现宇宙和自我真相的能力。无论如何，即便自伽利略时代以来科学发展迅速，仍然有许多未知的事物在等待着我们。我想，这令人不安，也令人卑微，但是它也会给予我们勇于冒险的空间。N

第二次降临

在不断扩张的旋涡里旋转、旋转，
猎鹰已无法听到驯鹰者的呼唤；
事物分崩离析，中心再难维系，
仅仅余下混乱状态向世界脱缰而去。
血色染就的潮水奔涌，无论何地，
纯真的仪式，淹没在那里。
最好的人类缺乏所有坚定的信念，
而最坏的人类却充满了激情的主见。

摘自威廉·巴特勒·叶芝的诗歌

路德维希·维特根斯坦和威廉姆·埃克尔斯在英格兰格洛索普的飞行站（1908年）
来源：维特根斯坦档案馆

维特根斯坦的喷气式飞机

大卫·埃德蒙兹

他当过士兵、园丁、小学教师、建筑师、医院搬运工，也是20世纪最著名的哲学家之一。看起来是不错的履历。但是，如果这些还不够的话，路德维希·维特根斯坦还设计过一架喷气式飞机。

那一定会让他父亲很高兴。

维特根斯坦于1889年出生在维也纳的一个十分富裕的家庭。他是8个孩子中最小的一个，但绝对没有被看作最聪明或是最有天赋的那个。他的父亲卡尔在家里是独断专行的存在。卡尔有效地运营着奥匈帝国的钢铁工业，并且希望他的儿子都能进入这个行业。但是，他有3个儿子自杀了。其中之一叫汉斯，尤其钟情于音乐，对钢铁毫无兴趣；另一个叫鲁道夫，曾经希望追求戏剧事业。

维特根斯坦决定从事工程研究，一定是受到父亲的鼓动。在柏林学习了两年后，他搬到了英格兰北部，成为曼彻斯特大学工程系的一名研究生。当时他19岁。

那一年，也就是1908年，威尔伯·莱特和奥维尔·莱特登上了报纸头条，一次又一次地证明了人类和机器也可以在空中飞行。人们认为这是一个惊人的技术突破。维特根斯坦一定和世界上的其他人一样，沉醉于这样的兴奋之中。

朴素而优美的《逻辑哲学论》，曾被喻为“逻辑的诗歌”。

维特根斯坦开始用风筝做飞行实验。在一生中，他偶尔会寻求隐士般的独居生活。为了研究飞行，他住到了荒野上一家偏僻的酒馆里，那儿偶尔才会有一两个客人。他试图在一年之内设计出一种飞行器的发动机。

他一定对自己的成果很满意，否则不会向专利局寻求知识产权保护。他的英国专利号是27 098，专利局也认为他的设计与众不同。

维特根斯坦的哲学独创性，再加上他令人着迷（有时也很可怕）的个性，几乎让他生活的方方面面都引人好奇。2015年初，英国广播公司甚至推出了一档关于他所设计的发动机的广播节目。其中，一位工程师根据专利图纸复制了他的发动机。维特根斯坦的创新之处在于在每片螺旋桨叶片上安装了小的喷气嘴，以此驱动螺旋桨。气体被一个高速燃烧室强行输送到叶片上。这是否是一个能使飞机保持飞行的可行手段曾经还是有争议的，但是类似的方法后来被用于制造直升机。

很快，维特根斯坦就把注意力从航空学转向了哲学。的确，我们要感谢维特根斯坦后来的哲学作品，首先就要感谢他的喷气式发动机。为了计算螺旋桨如何运作，他不得不研究高等数学，这又让他转向了对数学基础的深入思考，最终促使他读到了《数学原理》。

就这样，这位年轻的工程师学生敲开了剑桥大学三一学院的门，向《数学原理》的著名作者伯特兰·罗素介绍自己。在剑桥大学的第一个学期结束时，维特根斯坦向这位贵族圣人问了一个问题：自己在哲学上是否一无是处？如

来源：维特根斯坦档案馆

果是，他就会回到工程专业。罗素要求他在假期里拿出一些作品。第二个学期开始的时候，维特根斯坦便把他的作品拿给罗素看，罗素很快就做出了决定——维特根斯坦绝对不能成为工程师。

维特根斯坦一生中只出版了一本哲学著作，就是朴素而优美的《逻辑哲学论》，曾被喻为“逻辑的诗歌”，其中大部分是他在一战的战壕里写的。维特根斯坦的其余作品在他去世之后才得以出版，从根本上重新思考了《逻辑哲学论》。

维特根斯坦一生关注的核心之一是语言与世界的关系。在《逻辑哲学论》里，他使用了图画的隐喻，“风筝在桌子上”这样的命题，在某种程度上以图画的形式描绘了桌子上有风筝的状态。

后来，维特根斯坦放弃了这种想法，代之以另一种隐喻。在新的隐喻里，他的工程背景显而易见。他后来将语言理解为一种工具，哲学家需要关注的是词语和句子是如何运用的，有些词语看起来好像在执行类似的功能，实际上却在不同的规则下运作。这就像在窥视火车头的车厢，我们可以看到各种大同小异的把手：“第一个是曲柄手柄，可以连续转动，用以调节阀门的开合；第二个是开关手柄，只有两个有效的位置，要么是关，要么是开；第三个是刹车手柄，人们越用力拉它，它就越用力刹车；第四个是泵手柄，只有来回移动的时候，它才起作用。”

老年的维特根斯坦与年轻的维特根斯坦有着不同的写作风格。早期的维特根斯坦以不偏不倚的精确性建立起自己的结论，晚年的维特根斯坦则比较迂回，从多个角度解决同一个难题。不过，维特根斯坦的作品中始终贯穿着一种严谨、周密，这肯定要归功于他的第一职业。

我们应该庆幸维特根斯坦没有继续做工程师，否则将是哲学界的损失。但是，我们同样也应该庆幸他最早的时候曾经是一名工程师。N

Writer

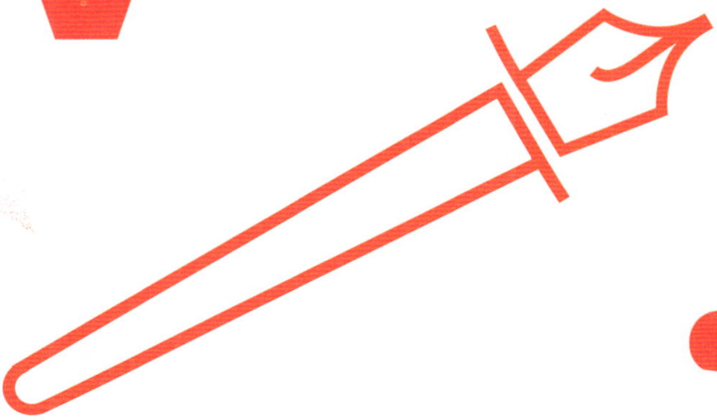

在此，我们将展示主题为“财产”的第9届“新哲人”作家奖的获奖作品。获奖诗人安杰拉·史密斯凭借她的非虚构作品《肮脏的中产阶级》连续两次夺魁。范·希拉·玉以散文《我们与海外房产的爱情故事》获得第二名。

获奖作品第一名

第9届“新哲人”作家奖

肮脏的中产阶级

安杰拉·史密斯

并不是只有昆虫和两栖动物会发生蜕变，郊区也会如此，尤其是那些处于后工业化大都市中心商业区阴影下的郊区。在车库卖闲置就是这种蜕变的一个标志，显示着脱胎换骨的决心。

周末车库交易日的几天之后，那个巨大的敞口旧物箱出现在离我家两个街区的一座小屋旁边。我以便宜的价格从一堆破旧的物品中淘到了一套骨柄餐具。这种实用的物品会见证我们的家庭生活。旧物箱里堆满了小屋主人——一位老太太——所丢弃的历史。我捡回了一个铁丝盆栽架，还有一个笔记本，黑色的封皮上精致地写着“影印照片记录簿”的字样。笔记本的开头是一个备忘录（给先人的照片分类、给布鲁斯打电话、黑玉珠），还有一份家具清单，旁边写有名字（珍妮和蒂姆）。此外，其他页还有来自《澳大利亚妇女周刊》的食谱（沙拉酱配三花炼乳、花生黄油焦糖酱），以及手写的香肠肉和菠萝的食谱（慢慢煮，直到煮熟，与苹果酱一起食用）。

小屋被拍卖之后，过了一段时间，街上又出现了一个旧物箱。老太太用来把自己拉上门口台阶的那个金属把手，已经被扔在了装修工人拆下来的建筑材料上面。经过好几个月的时间，工人小屋被改造成了一座时尚的现代住宅，面积至少是原来的3倍。澳大利亚的新房体积是世界上最大的，是英国同类房子的3倍多，甚至比美国的房子还大。这些房子容纳的人数较少，但财产较多。这样的设计是为了让孩子们能够在套房卧室里私密地进行他们的虚拟生活，而父母则可以退居到房子的另一端。

改造后的住宅里，穿着羊皮高跟鞋的住户不太可能食用香肠肉之类的廉价肉食。即便他们要吃，在街角也买不到，因为原来的肉店如今已经变成一家高端的时装专卖店。他们也不可能去廉价理发店理发，在圣诞节留下的锡箔纸包裹下的、陈旧的塑料椅子上排队等候；也不可能在街区的报刊亭买到《澳大利亚妇女周刊》，因为那座报刊亭在失去彩票牌照后破产了。但是，他们可以从街角的咖啡馆（曾经是个药店）买到他们的瘦身拿铁咖啡，这是附近街区的众多咖啡馆之一。然后，他们可以去参加公园的团体健身课程，那里曾经是一个垃圾场。

简·雅各布斯在1961年出版的《美国大城市的死与生》一书中，主张建设密集的城市。城市包含着混合的功能，居民、活动和时间表，需要一点一滴地改变，而不是直接将城市内部的贫民窟全盘推倒，用高楼大厦取代。后者正是有关部门当时正在推行的策略。雅各布斯认为，与勒·柯布西耶所主张的高楼大厦的“乌托邦”相比，老式、密集的街道更加安全，也更有生命力。这本书成了国际上的畅销书。已故的澳大利亚历史学家和社会评论家休·斯特雷顿在自己的《澳大利亚城市的理念》一书中半开玩笑地说道，雅各布斯的影响十分深远。

“好些年来，这本书都是卡尔顿和里士满的知识分子的‘圣经’。他们在房屋委员会批量建造的高楼的阴影之下，在他们刚刚重新装修、带着露台的别墅里，有时候借着插在瓶子里的蜡烛的亮光，阅读着这本被红葡萄酒弄脏的好书。”

由于积极分子的努力劝说，以及规划部门采取了更为开明的方法，内郊的大规模拆迁行为被制止了。然而，这些地区的中产阶级化，往往会导致土地用途的多样性降低，人口结构更加单一。在我所居住的墨尔本内城郊区，从前居住着低收入的澳大利亚人和意大利移民，工人的小屋已经被修整和扩建，以满足当代的需要。大部分街角的商铺被改造成了住房，工业建筑也被改造成了价格昂贵的公寓。这些公寓的买主是那些为毗邻城市的地理位置、良好的公共交通和开阔的公园所吸引的人。

用房地产行业的术语来说，就是它的位置、位置、位置。然而，随着住房价格与平均收入之间的差距越来越大，与许多后工业化城市的内郊一样，这里已经被中产阶级化，成为没

插图 | 《冷饮店，东尼》　来源：波士顿公共图书馆

有攀上收入高峰的人群无法企及的地方（即使是悉尼内城或墨尔本内城的车位，也能卖出比澳大利亚地方城镇的房子更高的价格）。于是，那些打着非洲鼓、组着车库乐队的合租学生，纷纷搬到更远的地方，寻找更加便宜的租金。也许是这些被剥夺了居住权利的学生之一把这行涂鸦文字刻在了水泥路上——“肮脏的中产阶级假清高”。

在涂鸦附近的一堵墙上，某位有着本体论倾向的涂鸦艺术家喷绘了这样一句话：“我不存在。你也不存在。”然而，我们确实存在，通过我们的物质财产的介入而存在。在一个万事万物都被商品化的社会里，我们为我们拥有的东西所定义，而不是为我们本人。房子是社会地位和身份的象征。房子不是我们称之为家的地方，而成了房地产市场的商品，成了受到市场变化无常影响的投资工具（墨尔本的一家地产开发商最近发起了一种有趣的创新模式，与通常的运营方式有所不同：它“旨在提供作为住房的公寓，而不是作为商品的公寓”，通过建造经济实惠、设计精良、易于维护的公寓，降低利润率，并限制转售，以阻止投机性交易）。

2014年，欧洲有超过1 100万套无人居住的房屋。为了维持现有房产的价格，数十万套半建成的房屋被夷为平地。爱尔兰政府拆除了所有在经济繁荣时期建造但从未有人入住的住宅；德意志银行警告说，除非人口增长率提高，否则德国需要43年才能填补供过于求的住宅。据运动慈善机构“空巢”估计，英国有超过60万套空置住宅，其中有20万套住宅已经超过6个月无人居住；在日本，有800万套无人居住的住宅，其中许多是由家庭成员继承的，但是没有使用它们的需求。尽管老旧住宅过多，人口不断减少，日本每年仍然有80多万套新住宅建成。而在中国，则出现了整个“鬼城”，也就是没有人居住的新城区。造成这种情况的原因包括物质和社会基础设施的缺乏、财政政策、供过于求和投机性投资。至于澳大利亚，长期的房地产繁荣和对投资房产的优惠税收待遇，鼓励澳大利亚人把房子当作投资，而不是住宅来使用。根据澳大利亚兴隆公司的一份报告估计，在2013年，墨尔本有64 386处房产（占其房产总量的4.4%）可能会空置。

与此同时，全世界有数百万人无家可归，6 000万人背井离乡。

尽管主流的价值观为我们生活的方方面面安排了金钱价值，但是我们居住的房屋并不是简单的市场资产，它们还承载着个人的联系和回忆。大卫·马鲁夫曾经写过一篇关于人们的第一个家以及周围邻居的文章，唤起了许多人的回忆。在文章《第一个地方》中，马鲁夫提出，我们通过自身的感官体验着这些地方，而它们将会伴随着我们的一生，塑造着我们的心理，影响着我们体验世界和联系世界的方式。它们承载着过去的痕迹，成为我们的梦和记忆的一部分。在熟悉的街区走走，成为一种纪念的形式。在我走过这篇文章开头所描述的、翻修过的那座小屋时，它被从前更为简朴的自己笼罩着，在我的心目中，它曾经的样子覆盖了它现在的样子。那是我的记忆档案中的一个画面。

2013年至2014年的夏天，维多利亚国家美术馆举办了名为“现在的墨尔本”的展览。展品之一是《墨尔本的牛奶棒》，这一系列照片是摄影师大卫·瓦德尔顿在墨尔本的大街小巷四处搜寻得来的，拍摄老店的照片，捕捉郊区景观的最后时刻。这个系列作品中的一家商铺，正是我从楼上卧室的窗户所能看到的街对面的那家。“迷你世界超市”的霓虹灯招牌再也不会在夜间亮起，但是商店仍然在营业。店主每周营业7天，超长的工作时间，坚持着他们的旧有经营模式：卖牛奶、面包和报纸，以及袜子、点心和烟花，还有服装修理和电话卡的混合经营。这家店将会不可避免地关闭，不过，瓦德尔顿所拍摄的最后时刻却会保存下来。随之保存下来的还有我对从前的店主每天在店外的人行道上练习太极拳的记忆。伴随着黎明时分的喧闹声，他的双臂在空中挥动，勾勒出一个时间和地点的影像。现在，这个时间和地点已经不复存在，只留在记忆里。N

获奖作品第二名

第9届“新哲人”作家奖

我们与海外房产的爱情故事

范·希拉·玉

“原本应该是一个嵌入地下的大面积天然池塘，里面养着本地的鱼类和水生植物；结果却变成了地面以上的水泥池塘，里面养着矮生植物……如果我是花园地精，可能会很高兴。”

我的朋友斯图亚特几年前刚刚在法国南部购置了房屋。这几年，他发来的讲述房屋装修过程的电子邮件都十分有趣，读起来就像罪恶般的享受。他们的石头村屋渐渐变得更加舒适，以便为他们两个人的未来10年打造一个“退休后的梦想家园”。迄今为止，他邮件中的出场角色包括一位“长得像戴高乐将军，但穿得像憨豆先生”的法国建筑经理，一位“有注意力缺陷，每个房间装修完成后都需要休息一两个月”的英国人，还有一位提出“请失业的罗马尼亚空中飞人艺术家来装修房子（很适合装修屋顶）”的邻居。

在出版25年后，彼得·梅尔的畅销书《普罗旺斯·山居岁月》仍然经久不衰。而我朋友的冒险经历更是增加了这本著名回忆录的真实性。这本书不仅定义了关于海外买房和装修这种特殊的回忆录子类型，它的概念还成了真人秀节目的素材。这种概念的流行反映出，在世界上某个理想的地方拥有房产仍然是一种经典的置业类型：中产阶级的梦想——拥有一座亟待修缮的度假屋——加上上流社会的现实——根据季节来使用这座房子。

作品 | 《普罗旺斯小屋》　画家 | 保罗·塞尚

对于正坐在离海岸十分遥远的地方的我而言，在法国南部拥有一个家的想法，本身就具有令人无法抗拒的浪漫诱惑。我对过度购置的任何顾虑都会恰到好处地受到压制。既然我们生活在一个拥有海外房产合法的世界里，那么在国外购买第二套住房，尤其是考虑到退休之后的生活，是否有什么内在的问题呢？那就是住在外来人口聚居区的全新特制公寓里会被人看不起。因而，买下一套旧房子再将其翻新，感觉就十分值得。这种行为在物质上被看成赐予，明显的财富炫耀被翻新的辛苦劳作中和，甚至会让人觉得这是一种美德。

最近，我在马拉喀什的老城区，住在两个富有的英法男人迈克尔和米歇尔所经营的优雅的庭院旅馆里。此时，通过翻新老房子而获得美德的想法再次浮现在我的脑海里。在向来挑剔的我看来，这种形式并不暗含什么冷漠的新殖民主义。相反，我所看到的是一份维护得十分完美的财产，按照道德的标准经营，员工的待遇很好，注意对环境的影响，并且还支持着当地的一些慈善机构。

我很好奇是什么原因让迈克尔和米歇尔买下了这座庭院旅馆，并在尊重传统风格的基础上进行了翻新。迈克尔解释说："我们爱上了马拉喀什。"相较于浪漫的心情和改变的愿望，经济的激励似乎是一个影响较小的因素。这种最初的渴望引发了不言而喻的复杂感情，就像所有激烈的恋情会不可避免地带来复杂的故事一样。真的，还有比爱更纯粹的动机吗?

在我绕着城区步行游览的时候，我的摩洛哥本地导游穆罕默德批评说，欧洲人购买庭院旅馆，把它们变成精品住宿，推高了房价，让普通的摩洛哥人望尘莫及。他说："我也想买一座，但是我买不起。"他的声音中带着愤怒。

浪漫让迈克尔和米歇尔早在10年前就搬到了马拉喀什。可是，他们很快发现，拥有当地房产的所有权并不能让自己自然而然地被当地人接受。米歇尔说："我们是外国人，我们只是不属于这座古老的城市。"他们还解释说，虽然自己在老城区工作，但是搬到了新城区居住，因为那里对外来者的反感比较轻。他们发现，老城区封闭的围墙不欢迎没有本地血统的外来者，受到强烈的本地排斥是各地移民的共同感受。

我不怀疑穆罕默德的说法，房价上涨，也许部分原因正是外国人追逐翻新庭院旅馆的梦想。可是，修复一所旅馆以满足国际旅行者的舒适需求，是摩洛哥的中产阶级所向往的生活吗？许多摩洛哥人可能对传统的当地生活没有什么兴趣，甚至可能觉得这里的生活很落后。是的，这是结果正义的辩解。但是，这样的旅馆确实发展了当地旅游业。而对于像穆罕默德这样的当地人来说，旅游业是一个重要的收入来源。

在摩洛哥这样的中低收入国家，由于殖民遗留问题和高度腐败问题，国民的就业选择十分有限，社会的流动性也十分有限。在这种情况下，也许合乎道德的外国贡献可以成为一种正面的力量，尤其在当地的精英阶层——包括王室——不可触及这种力量的情况下。在马拉喀什庭院旅馆居住的一周时间里，我与两位男士进行了几次长谈，让我想起了自己在泰国生活的许多感受。

在泰国清迈生活的那段时间，我在当地算是高收入人群。我为自己找了一个正当的理由：我并没有抢走当地任何人的工作，因为当地很少有人能胜任我所做的工作——为世界卫生组织等国际机构撰写英文文件，而我对泰国国家的税收贡献可能超过了大多数人的年收入。但是，我发现自己无法忽视手中所拥有的不可否认的，甚至是大得惊人的特权，而我在家乡澳大利亚的时候，就没有这种强烈的感觉。在澳大利亚，我觉得自己是典型的新兴中产阶级。

在清迈，我租了一套豪华的公寓套房，它是为来往的外国人精心布置的。对于外国人来说，在这里租房是常态，因为泰国的确有一些措施以限制外国人对其土地的所有权。我经常会听到人们批评法律的相关条例，因为他们对第一世界权利的认识影响了他们的期望。也有许多外国人找到了规避法律的方法，例如找到值得信赖的泰国人，前者可以在经济上支持后者，甚至与后者结婚，以换取后者与生俱来的无价之宝——拥有土地的能力。在全球化的房地产市场上，外国人拥有海外房屋的所有权是一种普遍现象，因为世界上的财富越来越集中在少数人的手中。

在像法国南部这样的全世界最美丽的地方拥有一套海外的度假屋是一件很浪漫的事情，但是，如果这个度假屋在离自己家较近的地方，可能会让当地人感觉到来自外人的威胁，而不是被国人赋予的浪漫色彩。最近有一个新闻标题是“澳大利亚将会打击外国投资者购买本国房产”，照片中的人们举着标语牌，标语牌上宣称“这是外国入侵”。

财产所有权，无论在哪里，本质上都是一种强化社会不平等的行为。但是，也许有一些办法可以减轻这种行为的影响，比如创造就业机会、购买当地服务、为当地社区做贡献。然而，当剧本被翻转过来，外国人购买的财产所有权就发生在自己家门口的时候，上演的就不会再是浪漫的爱情故事。N

机器停转

E.M.福斯特

摄影 | 比尔·埃比森

“是谁呀！”她大声喊道。她的声音听起来很不耐烦，因为自从音乐开始演奏，她已经被打断了好几次。她认识几千个人。在某些方面，人与人的交流已经取得了巨大的进步。

可是她一听到接收器里的声音，那张苍白的脸便笑得满面皱纹，随后说道：“好极了，我们聊聊吧。我马上把自己隔离起来。在后面5分钟，我没有什么重要的事情要做，我可以给你整整5分钟，基诺。然后，我要开一个讲座，讲的是‘澳大利亚时期的音乐’。”

她摸了一下隔离按钮，这样就没有人能和她说话了。随后，她又摸了一下照明设备，这个小小的房间立刻陷入一片黑暗。
……

“最亲爱的宝贝，有什么事？快点说。为什么你不能通过风动邮政给我发消息呢？”
“因为这件事，我觉得亲口说更好。我想要——”
“怎么了？”
“我想要您来看我。”

瓦西蒂观察着她的儿子显示在蓝盘中的脸。

“可是我现在就能看见你啊！”瓦西蒂大喊着说，“你还想要什么呢？”
“我不想通过这个机器看您。我不想通过这个让人厌烦的机器跟您说话。”
“哦，别说了！”瓦西蒂略为吃惊地说，“你不能说任何反对大机器的话。”
“为什么不能呢？”
“谁都不能说那种话。”
“您这样说，好像机器是神创造的一样！”基诺大声说道。
“我觉得您不开心的时候，都会向机器祈祷，可您别忘了，创造机器的是人啊。的确，是伟大的人，但毕竟还是人啊。机器很重要，但是它并不代表一切。我是在这个蓝盘里看到了您的样子，可是我看到的并不是您本人；我是通过这个电话听到了您的声音，可是我听到的也不是您本人的声音。这就是我为什么想要您过来。您来看我吧，这样，我们就可以面对面地相见，还可以聊聊我脑中的希望。”

瓦西蒂回答说，她几乎没有任何空闲时间，一次也不能去看他。
“您到我这里来，乘飞艇只需要两天。”
“我不喜欢坐飞艇。”
“为什么？”
“我不喜欢看见可怕的棕色大地，还有大海，还有黑夜里的星星。坐在飞艇里，我的大脑里简直是一片空白。”
……

“在飞艇里——”他突然停住了，她感觉到他似乎满面愁容，可是她也没有把握，因为机器传达不出表情的细微之处，它只能传达人们的大致概念。瓦西蒂心想，对于所有实用目的来说，这种大致概念已经够好了。正如水果的生产商会忽略葡萄上那层难以衡量的粉霜，声名败坏的哲学所认为的交流的真正实质，也不过是这样的粉霜，自然也被机器忽略了。长期以来，我们这个种族已经接受“够好”就可以了。

“事实是，”基诺继续说，“我想再看看那些星星，它们真的特别奇妙。我不想在飞艇里看星星，我想要像数万年以前我们的远祖那样，在地球的表面看星星。我想要参观地球的表面。”

瓦西蒂又一次大吃一惊。

“母亲，您一定要来，哪怕只是向我解释解释参观地球的表面有什么害处。”
“没有什么害处，”她控制着自己回答道，“不过也没有什么好处。现在，地球的表面只不过是尘土和泥巴，已经没有生命存在了。而且，你还需要一个呼吸保护器，不然的话，外部大气的寒冷会使你丧命的。在外部大气里，任何人都会立刻死掉。”

“我知道。当然，我事事都要小心。”
“此外——”
“怎么？”
瓦西蒂思考着，谨慎地挑选着要使用的字眼儿。她的儿子脾气古怪，而她想劝阻他不要开始这次旅行。
“这是违反时代精神的。”她坚持说。

“您的意思是说，这是反对机器的吗？”
“在某种意义上是可以这样说，不过——”

他的图像在蓝盘里消失了。
“基诺！”
他把自己隔离起来了。
……

至于瓦西蒂，她的生活安然无恙地向前推进，直到那场灾难来临。每天，她让房间暗下来，睡觉；醒来，又让房间亮起来。她开设讲座、参加讲座。她同无数朋友交换想法，相信自己越来越注重精神交流。有时候，她的朋友被准许安乐死后，她便把房间留给那些无家可归的人。无家可归这件事情，现在已经超出了所有人的构想。瓦西蒂并不大在意。在一次失败的讲座之后，她有时会申请安乐死。但是，死亡率是不许超过出生率的。所以，机器便拒绝了她的请求。

而麻烦的事情在她意识到之前，就已经悄无声息地开始了。

有一天，她突然收到了儿子传来的讯息，感到十分惊讶。他们在上次交流之后再也没有联系过，因为两人毫无共同之处。她只是间接地听说他还活着，而且因为表现恶劣，已经从之前的北半球被转移到了南半球。事实是，儿子被转移到距离自己的房间不远的一个房间里。

“他是不是想要我去看他呢？”她思索着，“别了，绝不。再说，我也没有这个时间啊。”
她猜错了。她的儿子带来的是另外一种疯狂的想法。
他拒绝把自己的脸庞呈现在蓝盘里，但在黑暗中严肃地说道:“机器要停止运转了。”

“你说什么？”
“机器要停止运转了。我知道这件事情。我了解那些征兆。”
她突然发出一阵洪钟似的笑声。他听到她笑就生气了，于是他们没再聊下去。

“你能想到什么更荒唐可笑的事情吗？”她大声地对一个朋友说道，“有一个人——就是我的儿子，他相信机器要停止运转了。如果这不是发疯，那就太失礼了。”
“机器要停止运转了吗？”她的朋友问道，“那是什么意思？这句话听起来没有任何意义。”
……

阅读也变得困难起来。某种阴影进入了大气，使光线变得幽暗。有时候，瓦西蒂很难看清房间里的景象。就连空气也是污浊的。抱怨的声音无比高昂，改进的措施毫无用处，演讲者的口气英勇坚决，大喊着："勇气！勇气！只要机器还运转着，有什么关系呢？对于机器而言，黑暗和光明是一回事。"

经过一段时期，虽然情况有所改善，不过以往那种闪耀的明亮再也没有重现。人类走进了黄昏，就再也没有走出来。这时，到处流传着关于"措施"和"临时专政"这样歇斯底里的议论。苏门答腊的居民被要求了解、熟悉中央电力站的运转。这座电力站坐落于法国。然而，主要的气氛是四处弥漫的恐慌。于是，人们将精力用在向机器的大书祈祷之上。这本大书是机器无所不能的明确证据。

恐惧也在逐渐改变。有时候，一些给人带来希望的谣言不胫而来：设备已经差不多修理好了，机器的敌人已经被压制下去了，新的"神经中心"正在发展之中，它会将工作做得比以前更加出色，等等。然而，那个日子还是降临了，没有丁点预告，没有丝毫暗示，整个通信系统崩溃了。而他们所理解的那个世界，走到了终结。

瓦西蒂当时正在开讲座。最初，她时不时被热烈的掌声打断，然而当她继续讲下去的时候，听众变得安静起来，结束的时候竟然没有发出一点声音。她有点不大高兴，打电话给一位朋友，那是一位善于共情的专家。没有回答的声音。毫无疑问，这个朋友应该在睡觉。她试着打电话给另一位朋友，也同样没有声音，又接着打给下一个人，仍然如此。直到她想起了基诺之前说的神秘话语："机器要停止运转了。"

这句话听起来依旧没有什么意义。如果永恒机器要停止运转，那它过一段时间又会运转起来的。比如，这里还是有光线和空气的。大气在几个小时以前已经得到了改善。这里还有那本大书，只要大书还在，就是安全的。

随后，她也崩溃了。因为随着一切活动的停止，降临了一种人们意料不到的恐怖——死寂。

……

瓦西蒂急得来回打转儿，祈祷着有人能拯救她。她一直吻着那本大书，按着一个又一个的按钮。外面的骚动声越来越大，甚至穿透了墙壁。慢慢地，她的小房间里，光线变得暗淡，金属开关上的反射光也逐渐消失了。现在，她看不清那张小书桌了，也看不清那本大书了，尽管她把它抱在怀里。光明随着声音的飞逝消失了，空气也随着光明消失了。那种原始的空虚感又回到了久违的洞穴里。瓦西蒂继续打转儿，像早期宗教的虔诚信徒那样，大声叫喊着、祈祷着，用鲜血淋漓的双手敲打着那些按钮。

就这样，她打开了牢房，逃脱了——是精神上的逃脱！至少在我的冥想结束以前似乎如此。我没有察觉出她在肉体上的逃脱。她偶然敲中了那个开门的开关，污浊的空气猛地冲到了她的皮肤上，高声的震颤在她的耳朵里嗡嗡作响，这些告诉她，她再次面对着那条隧道，面对着她曾经看到人们在上面打架的巨大平台。现在上面并没有人在打架。只有嗡嗡声仍然在耳边回响着，还有那微弱的呜咽声。成千上万的人即将在黑暗中死去。

她突然落下泪来。
有几滴泪水回答了她。
“你在哪里？”她啜泣着问道。

他的声音在黑暗里回答：“在这里。”
“有没有什么希望，基诺？”
“对于我们来说是没有的。”
“你在哪里呢？”

她从死者的尸体上爬去。他的血喷满了她的双手。
“快一点，”他喘息着说，“我就要死了。但是，我们可以彼此触碰、说话，不再通过机器了。”
他亲吻了她。

“我们做回了原本的自己。我们会死去，但是我们也重新获得了生命。正像过去在威塞克斯王国，阿尔弗雷德赶走丹麦人一样。我们知道他们在外面所知道的一切，他们就住在泛着珍珠色泽的云端。”
“基诺，这是真的吗？地球上还有人？这里——这条隧道，这种污浊的黑暗——真的不是结局吗？”

他回答说：“我看到过他们，同他们说过话，爱过他们。他们隐藏在雾色和蕨类植物里，直到我们的文明结束才能出来。今天，他们是无家可归的人，明天——”

“哦，明天，又会有傻瓜开动大机器，明天。”
“再也不会了，”基诺说，“永远不会了。人类已经领受了它的教训。”N

本文摘自《机器停转》，该小说于1909年首次发表于《牛津与剑桥书评》。

如今，我们离《1984》的世界还有多远？我们的电视机现在已经可以窃听到休息室里的私人对话了。

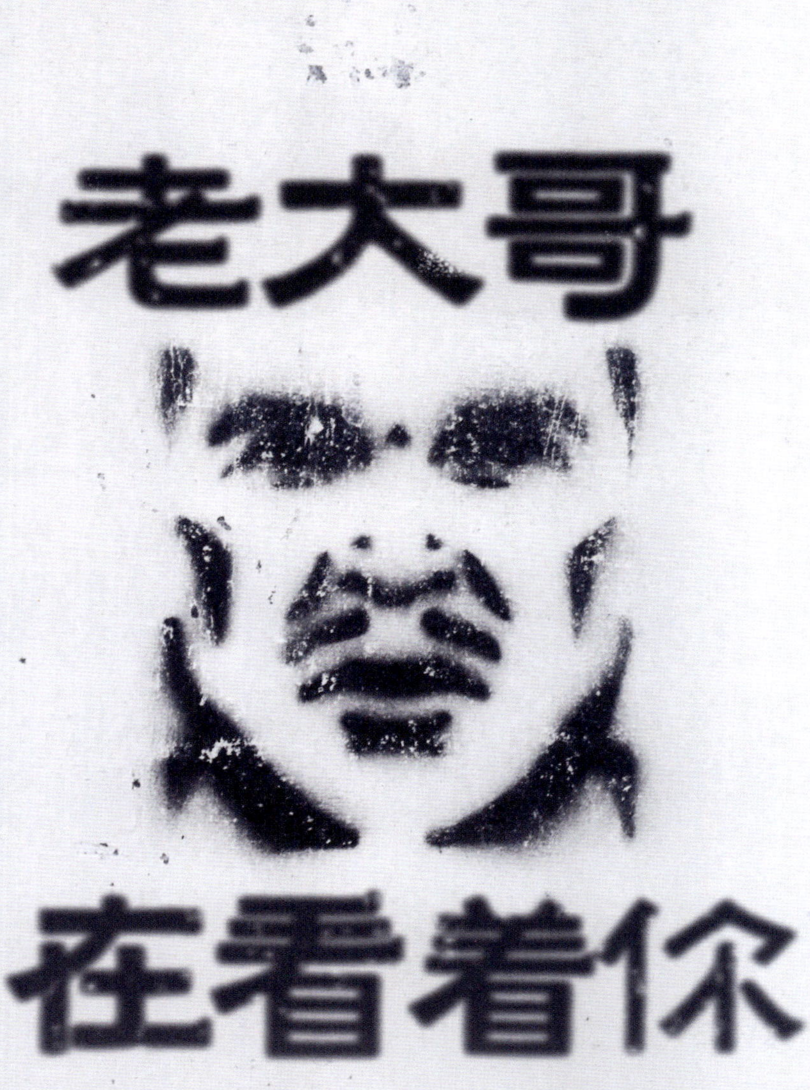

摄影｜帕特·尔姆

思想警察

安德烈·陶

“他突然感到困惑，他是在为谁写这本日记呢？”这是乔治·奥威尔所著的《1984》里，命途多舛的英雄温斯顿·史密斯所面临的问题。生活在一个时时刻刻被监控的世界里，每个房间的电幕都可以捕捉到极低的耳语声，思想警察在思维的走廊上巡逻。温斯顿希望通过在这本老旧的笔记本上写下自己的记忆和感受，开辟出一个不受他人观察的“绿洲”。

关于日记的读者，温斯顿首先想到的是抽象的概念：“为了未来，为了尚未出世的人。”然而，他最终选择了更为具体的读者——奥勃良。他感觉到自己与这位同事之间有着一种神秘深厚、心照不宣的联系。对于温斯顿而言，不幸的是，他的日记完全不是私人的，而且奥勃良并不是温斯顿想象中的志同道合者，而是带头折磨他的人。确实，在奥勃良对温斯顿的审讯中，他常常会问：“你还记得自己在日记中写下的某某事情和某某事情吗？”这种质问仿佛是在强调，相信任何事情——无论是行为还是思想——能够在老大哥的注视之下隐藏起来，是多么天真可笑。温斯顿本人也开始意识到，“7年来，思想警察一直像观看放大镜下的甲虫一样观看着自己。没有任何肢体的动作、沉默的想法，是他们注意不到的；也没有任何思维的走向，是他们无法推断的”。

如今，我们离《1984》的世界还有多远？我们的电视机现在已经可以窃听到休息室里的私人对话了，我们的电子邮件——我们可能会在其中讨论身体健康、爱情生活，以及隐秘的希望和恐惧——会被计算机算法读取，而这些数据会被出售给更具侵略性的广告商。闭路监控摄像头无处不在。现在，世界各地的政府都在收集本国公民难以想象的大量元数据。

这些最新的发展可能是最有隐患的，部分原因是我们之中很少有人了解元数据是什么，更不用说了解其保密的重要性了。爱德华·斯诺登揭露了美国国家安全局间谍程序的规模。他表示，想要使元数据去神秘化，可以通过使用元数据的真实含义来称呼它，那就是我们的活动记录。元数据包括您发送电子邮件的人员姓名、主题以及发送时间，可以显示您的通话对象、通话时间以及双方的通话地点。如果您拥有智能手机，它可能会显示您访问过的地方；如果您使用互联网，那么它会显示您访问过的网站以及访问时间。

从这些信息里，政府可以十分清晰地描绘出您的生活图景：您的朋友是谁，您身处何方，以及您感兴趣的事物。之后，就像《1984》里的思想警察一样，政府可以通过这些元数据，推断出所有人的想法和意图。

也许您在想，自己没有做错任何事情，也就没有什么可以隐瞒的。但斯诺登完全了解失去隐私意味着什么。他说：“您声称不关心隐私权，是因为没有什么可以隐瞒的事情，这就好比您声称不关心言论自由，是因为您无话可说。”换句话说，我们需要私人空间，在其中我们可以健康成长，并且过上充实而有尊严的生活。也许正是因为需要一个完全属于自己的空间，促使温斯顿打开了那个笔记本。问题是，今天的我们是否仍然拥有这样的空间？ N

13个问题

蒂姆·索夫马赛

对话赞·博格

蒂姆·索夫马赛是澳大利亚人权委员会的反种族歧视专员，有4本著作。他也是一位政治哲学家。

如果您可以改变世界上的一件事，您会选择什么？
不平等。若是贫者与富者、强者与弱者之间的差距变得过大，世界也将变得更加残酷和危险。

有什么幻想在折磨着您？
我相信历史的进步。有人说这是一种幻想。

您的内心住着什么恶魔？
害怕自己做得还不够。

您的教育经历中最重要的部分是什么？
知道清晰表达的价值。如果您不能简单地解释某件事情，那可能是因为您不够了解它。

如果可以选择的话，您的最后一餐想吃什么？
烤鸭。

哪种“技术”对人类影响最深？
钢。

您最想问别人什么问题？
您最害怕的人是谁？

您的座右铭是什么？
毫不费力的优势（我所在的牛津大学贝利奥尔学院的非正式院训）。

您最喜欢的词语？
半吊子。

哪位思想家对您的生活影响最大？
查尔斯·泰勒。

什么是好的死亡方式？
在活过之后死亡——最好是有尊严、被爱包围着死去。

人们会指责您什么？
有日程表（谁没有日程表）。

什么是生命的意义？
懂得如何处理失望。

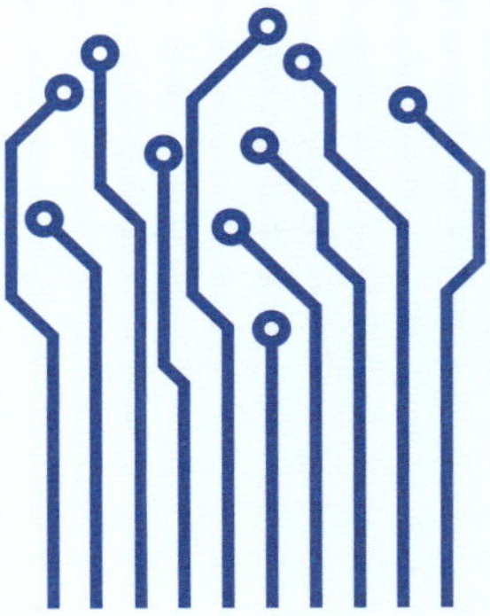
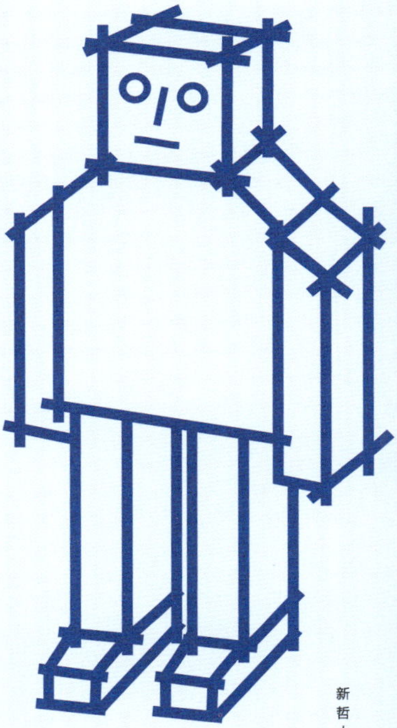

tech
nolo
gy

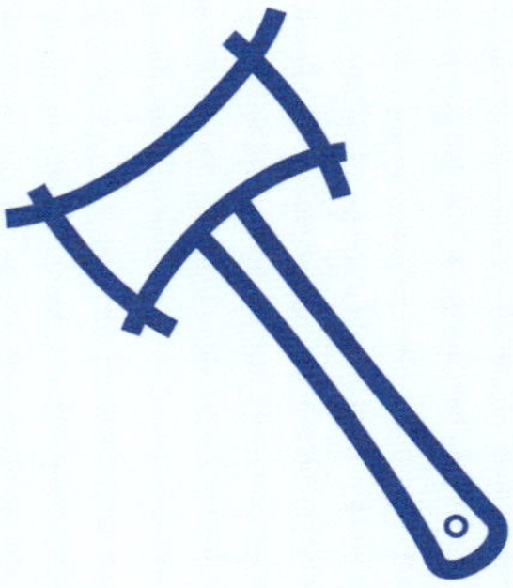